開放制目的教員養成論の探究

臼井 嘉一

学文社

まえがき
――3冊の著書をベースに〈開放制目的教員養成論〉を考える――

　ここに3冊の〈戦後教員養成論〉関係の著書がある。

　第1は横須賀薫著『教師養成教育の探究』（評論社，1976年5月）であり，著者の勤務校である宮城教育大学の「教員養成教育の実践を背景にして書いた文章をまとめたものである」。この〈戦後教員養成論〉は，私の名づける〈目的養成論〉としての教員養成論であり，小学校教員養成をベースとする，計画養成＝目的養成（免許必修目的養成）としての教員養成のあり方について論じたものである。

　第2は岡本洋三著『開放制教員養成制度論』（大空社，1997年5月）であり，「教員養成を主たる目的とする『教育学部』に席を置き，教育養成教育の質的発展を願って，時に応じた『教育学部の在り方』について発言してきた」ものをまとめたものである。この〈戦後教員養成論〉は書名通り〈開放制養成論〉としての教員養成のあり方について論じたものである。

　第3は山田昇著『戦後日本教員養成史研究』（風間書房，1993年4月）であり，これは書名の通り，「戦後教育史各論の一つの『基礎編』として」まとめられたものであり，「大学における教員養成」の基本方針の策定に至る教育刷新委員会の検討から始まって，「大学における教員養成」の実施過程における問題と教員養成の再編動向にまで視野を広げて整理されたものである。

　以上3冊の〈戦後教員養成論〉についての筆者自身の捉え方・評価について述べるならば，まず筆者は「開放制か閉鎖性か」という論点については躊躇なく「開放制」をとるが，同時にその「開放制」の捉え方においては現在の「教員養成学部」という「免許必修」学部の存在については批判的であり，そこにおいてはたとえ一部分にいわゆる「ゼロ免課程＝新課程」があるにせよ「免許

必修」学部を含む「開放制」の捉え方には問題があると考えている。その点では筆者の立場は岡本洋三氏の〈開放制養成論〉に近いともいえる。

ただし，筆者の〈開放制養成論〉においては，単に「免許法基準科目」を取得させるだけの養成方法についても批判的であり，その点では横須賀薫氏のいう〈目的養成論〉とでもいえるものを〈開放制養成論〉に位置づけることも必要であると考えている。

おそらく筆者の考える「開放制目的教員養成論」は山田昇氏の研究にもある，戦後教育改革期の教育刷新委員会における務台理作の発言（「或形の養成機関」として「教育科学の相当の改造」を含み「文科，理科を内容としまして，教師としての教養について本当に教育的な注意の能く払われた新しい大学」が考えられ，その大学からは「広く社会の色々な層に向かって卒業生が自由に出ていく」し「良き教師を作ると同時に，良き学者を作るということ」も両立しうる）に近いものといえる。

上記3人の著者は，筆者にとって「大学における教員養成」教育現場の先輩であるとともに，東京大学大学院の先輩でもあり，国立大学「教員養成学部」づくりでのいわば同僚でもあった方々である。

筆者は1964年3月高校卒業後，国立大学「教員養成学部」に入学し，在学中の1966年4月に大学名・学部名の一斉変更を体験しており，したがって入学した大学・学部名と卒業した大学・学部名が異なるという経験をしている。上記著者はこの時期の若手大学教員としてその一斉変更に対処し，その意味を様々な角度から論じた方々でもある。

筆者は「教員養成学部」卒業後，高校や中学校の講師も経験して，東京大学大学院教育学研究科を修了し「福島大学教育学部（学芸学部の名称変更後）」に1982年に着任した。

その時に隣県の宮城教育大学の教育学部改革に学びながら，筆者らはそれとは異なる教育学部改革を進める上で一定の役割を果たしてきたが，それは今にして思えば，岡本洋三氏の〈開放制教員養成論〉をベースとしつつも，単なる開放制と異なる，いわば目的養成論にも依拠した教員養成を探求してきたように思える。まさに〈免許選択目的養成論〉の実践であり，〈開放制目的教員養

成論〉の探究でもあった。

　筆者は2008年4月以降，私立大学・国士舘大学文学部教育学専攻に転出し，中等教員養成とともに，小学校教員養成にも関わっており，加えて東京地区の国公私立大学の教職課程に関わる研究連絡組織である〈東京地区教職課程研究連絡協議会（東教協）〉の事務局大学（会長＝学長，2008・09年度）の一員として事務局長も務めている。このような国公私立共同の研究連絡組織が存在すること自体，意義あることのように思う。全国でも京都地区と並ぶ貴重な組織であるが，この組織の大学がまさに対等平等の関係で，教員養成の質的充実に向かうならば戦後教員養成の新たな展開において大きな位置と役割を果たすのではないかと思う。

　本書の戦後教員養成に関わる論文は，Ⅰにおいては国立大学「教員養成学部」における〈目的養成〉の実践とその論理についてまとめたものであり，Ⅱにおいてはその「教員養成学部」という免許必修制システムを廃止しても，いまだ〈目的養成〉を位置づけようとする一つの試みをまとめたものである。これらのそれぞれの論文・報告は学会誌・大学紀要・雑誌等に掲載されたものであるがタイトル名の変更や内容上一部加筆訂正がなされている。

　なお「資料」として，筆者自身〈戦後教員養成論〉を考える上で必要と思われる資料を掲載したが，併せて「近現代〈教員養成史〉略年表」を付した。

目　次

まえがき——3冊の著書をベースに〈開放制目的教員養成論〉を考える　1

プロローグ——戦後教員養成の2本柱を捉え直す——9

1　「教員養成学部」大転換の経験　9
2　「開放制教員養成」と「教職実践演習」導入　11
3　「免許選択目的養成」制のポイント　13
4　「教職大学院」をどう捉えるか　15
5　「免許選択目的養成」の学士・修士課程づくり　18
6　戦後教員養成における〈教職指導〉論の再構成　21
7　〈免許必修＝目的養成〉観からの脱却と新たな〈目的養成〉の構築　23
8　国公私立大学対等平等の個性ある教師教育の創造を　24

I　戦後「教員養成学部」における免許必修制と目的養成の展開——27

1　国立大学「教員養成学部」の存在意義を問う　27
2　国立大学「教員養成学部」教育の展開　29
3　「教員養成学部」と「教育研究学部」の区別と連携
　　——「教育学部」名称の吟味と「教員養成学部」の独自性　43

補論1　教師教育と〈教科教育学〉………………………………46
補論2　狭義と広義の〈教科教育学〉教育研究体制
　　　　——「社会科」を例として………………………………53
補論3　日中米「教員養成」比較研究の視点……………………58
補論4　福島大学教育学部と
　　　　ウィスコンシン大学オークレア校における目的養成……70

Ⅱ 免許必修制と目的養成制の区別と〈免許選択目的養成制〉の成立
　　——福島大学改革と「教員養成学部」再編————————————————77

　1　戦後教員養成の理念・原則と福島大学「教員養成学部」　78
　2　「在り方懇」報告を捉える視座と「教員養成学部」存続運動　81
　3　地域教師教育責任体制と「新生福島大学」の教師教育構想　85

　補論5　「教員養成大学・学部の在り方懇談会報告」を読み直す…………90
　補論6　国立大学法人化と教師教育の新展開……………………………102

エピローグ——国公私立対等平等な個性ある教師教育への創造を ——————107

　1　教育実践力の形成と教師教育の創造　107
　2　開放制目的養成論と免許選択目的養成　113

　あとがき ————————————————————————————131

　資料編————————————————————————————————133
　1　「京都師範学校学生大会演説略案」〔渋谷忠男発言／1945（昭和20）年12月8日——男子部講堂〕
　2　「初等教育研究生制度設置案」〔全国師範学校生徒代表・京都師範＝渋谷忠男が文部大臣に提出／1946（昭和21）年12月10日〕
　3　「戦後教師の自己形成史」〔渋谷忠男年譜」抜粋／2008（平成20）年3月作成〕
　4　「教育刷新委員会総会採択・建議」〔1946（昭和21）年・1947（昭和22）年〕
　5　「教員養成の改善方策について」〔中央教育審議会答申／1958（昭和33）年7月28日〕
　6　「『教員養成学部』における主体的目的養成認識の成立」〔福島大学教育学部教授会決定／1977（昭和52）年10月12日〕
　7　「今後の国立の教員養成系大学・学部の在り方について——国立の教員養成系大学・学部の在り方に関する懇談会報告書」〔抜粋／2001（平成13）年11月23日〕
　8　「教職実践演習の進め方及びカリキュラムの例」〔文部科学省／2009（平成21）年1月11日〕
　9　「東京地区教職課程研究連絡協議会会則・会員大学」〔2009（平成21）年5月23日〕

　近現代〈教員養成史〉略年表

開放制目的教員養成論の探究

(附) 戦後教員養成史資料・近現代〈教員養成史〉略年表

プロローグ
──戦後教員養成の2本柱を捉え直す──

1 「教員養成学部」大転換の経験

前任大学で「教員養成学部」の大転換を経験して

　戦後の大学における教員養成の2本柱とは，一つは国立大学「教員養成学部」の「免許必修目的養成」であり，もう一つはその他の「一般学部」の「開放制教員養成」という二つの教員養成方式を指している。

　私の前任大学の福島大学にも国立大学として「教育学部」があり，そこにおいても「免許必修目的養成」が位置づけられていた。これは全国の国立大学「教育学部」（東大のような旧帝大とは異なる，旧師範系の教育学部）において位置づけられ，多くの方々から，まさに戦後教員養成の中核に据えるべきものと受けとめられているものである。ところがその「免許必修目的養成」の「教育学部」を廃止するという「教員養成学部」の大転換を私が学長のときに経験した。

　この「教員養成学部」の大転換は，一方では文部省において全国の「教員養成学部」の再編が企てられ，本学の位置する南東北において宮城教育大学を「教員養成学部」としての専門大学として位置づけることによって，他の山形大学教育学部と福島大学教育学部は「免許必修目的養成」を廃止し，「教育学部」という名称も廃止するところまで検討される中で生まれた。そしてもう一方で福島大学ではこれからの「大学法人化」という方向が見えつつあるなかで，それまで悲願であった「理工系」学部の新設を何としても実現しようという最終段階にあったこともその大転換を生み出した要因である。

　その時期に，福島大学は「理工系」新設を視野に入れて，「免許必修目的養

成」の道は断念し，「一般学部」としての教員養成の道を選択することになったのである。

「目的養成」は「免許必修」学部においてしか位置づかないのであろうか

この「教員養成学部」の大転換において，南東北地域の学長である私は，3大学の「再編」論議においても，また記者会見においても次のような主張を繰り返した。それは「福島大学は『免許必修』は廃止していわゆる開放制教員養成に転換するが，しかし単なる開放制を選択するのではなく，これまでも重視してきた『目的養成』を継続して重視するという，まさに『免許選択目的養成』方式を探求することになる！」ということである。

現に福島大学教育学部は，東北・北海道地域で初めて「教員養成系大学院」を1985年に設置した大学であり，その後10数年において教員就職率においても全国トップレベルに位置していたからである。

だからこそ，戦後教員養成における，いわば開放制教員養成においても「目的養成」方式は位置づけられるし，位置づけるべきではないかと思えたのである。まさに「目的養成」は「免許必修」学部の専売特許とは必ずしも言えないと思ったのであるが，この思いは地域の教育・教育行政関係者のみならず，広く県民の多くの方々との意見交換での結果でもあった。

ただ単なる「開放制教員養成」方式を導入することではない

この「免許必修」の廃止は，必ずしも「開放制教員養成」方式を導入することではない。そのことは，全国の「教員養成学部」がすでに30年ほど前から体験済みのことである。それは〈少子化〉時代に入りつつあるころに，「免許必修」にしてもなかなか教員になれないということから，「教員養成学部」に，減少させた「免許必修」課程に加えて「開放制」課程（新課程）を新設したが，その頃にたとえ「開放制」課程であっても戦後教員養成においては免許の「ゼロ」はありえないということで免許を取得する道が開かれながら，大学教員の意識の中ではすでに「教員養成の重荷」から解放されたという傾向が生まれたことである。

ここで問題にしたいことは，戦後教員養成における2本柱としての「免許必

修目的養成」と，「開放制教員養成」という二つの教員養成方式を，戦後教員養成の特質としていかに捉えるのかということである。今日「小学校教員養成」が大都市圏の私立大学の中に広がりつつある中であらためて問い直したい問題である。

2 「開放制教員養成」と「教職実践演習」導入

「教職実践演習」が 2010 年度より導入

2006（平成 18）年 7 月の中央教育審議会（中教審）答申（「今後の教員養成・免許制度の在り方について」）を受けて，文部科学省は 2010（平成 22）年 4 月入学以降の学生から「4 年次後期」に「教職実践演習（必修）」という教職科目を導入するために教育職員免許法施行規則を改正した。

中教審は本教職科目については「どのように構成し，実施するかは，基本的に各大学の判断に委ねられるものであるが……教科に関する科目及び教職に関する科目の知見を総合的に結集するとともに，学校現場の視点を取り入れながら，その内容を組み立てることが重要である」としている。そしてこの科目の設置趣旨については次のように述べている。

> 「教職課程の他の科目の履修や教職課程外での様々な活動を通じて学生が身に付けた資質能力が，教員として最小限必要な資質能力として有機的に統合され，形成されたかについて，課程認定大学が自らの養成する教員像や到達目標等に照らして最終的に確認するものである。学生はこの科目の履修を通じて，将来，教員になる上で，自己にとって何が課題であるのかを自覚し，必要に応じて不足している知識や技能等を補い，その定着を図ることにより，教職生活をより円滑にスタートできるようになることが期待される。」

現行「大学における教員養成」につきつけるもの

この新教職科目はいうまでもなく教員免許取得のための必修科目であるため，設置せざるをえないものである。しかも従来のように特定の教員におまかせしたりするだけでは簡単に対応できるものでない。そのことは「教職課程の他の

科目の履修」や「教職課程外での様々な活動を通じて学生が身に付けた資質能力」(つまり当該学部生の教養教育・専門教育等から身に付ける資質能力)が「有機的に統合され,形成されたかについて,課程認定大学が自らの養成する教員像や到達目標等に照らして」「最終的に確認するもの」という箇所からもうかがえる。

　この新教職科目は従来のような個々の教職科目担当教員におまかせすることでは対応できないもので,まさに学部・学科・専攻・コースの担当教員がその教育活動総体の中に「教職指導」として位置づけるべきものとなっている。

　つまり,従来のようにそれぞれの科目において個々に履修させることだけではすまされないような課題がつきつけられているのである。

　たとえば「学生のこれまでの教職課程の履修履歴を把握し,それを踏まえた指導を行う」という文言にもあるような「入学の段階からそれぞれの学生の学習内容,理解度等を把握(たとえば,履修する学生一人一人の「履修カルテ」を作成)」という問題提起にもそのことがうかがえる。

「開放制教員養成」を守ることと「目的養成」の観点

　以上のような新教職科目の導入は,現行の「教員養成」に多くの課題をつきつけている。ここで強調しておきたいことはこの課題提起は決して「免許必修目的養成」学部・大学以外の,「開放制教員養成」にのみつきつけられたものではないということである。

　まさに一般学部「開放制教員養成」と,「免許必修」教員養成の両方に課題提起をしているのが今回の「教職実践演習」の導入であり,この課題提起は,現行「教員養成」の現状と問題点を踏まえた,教職課程全体におけるきめ細かい指導・助言・援助という教職指導の充実を要請している。

　私はこの新教職科目で懸念することは,一つはその目的にある「必要な資質能力の確実な確認」の内容として位置づけられる「使命感や責任感,教育的愛情」の一人歩きの懸念,もう一つは大学現場の教員養成の自主性・主体性がおろそかにされる懸念である。

　しかし問題は大学がいかに自主的・主体的に「目的養成」の観点を位置づけるかにある。

3 「免許選択目的養成」制のポイント

「免許選択目的養成」制導入への問題意識

　戦後の教員養成では，しばしば「免許必修目的養成」と「開放制教員養成」とは対立的に論じられ，したがって「目的養成」はイコール「免許必修」制と捉えられることが多い。しかし私はこの間一貫して，このような捉え方については再考すべきことを主張し続けている。つまり「免許必修」としか結びつけてこなかった「目的養成」を，あらためて開放制と結びつけ，なおかつそこにおいて「免許選択」という学生の主体的行為も位置づけて，「免許選択目的養成」制をあらためて問題提起してみたのである。

　福島大学は文部科学省の教員養成制度再編動向の中で「免許必修」制を廃止したが，しかし「免許必修」制が廃止されつつも従来通りの目的養成を継続するという問題意識のもとにこの方式が「国立大学法人化」と軌を一にして導入されたのである。

ウィスコンシン大学と「免許選択目的養成」

　ところでこの「免許選択目的養成」制を具体的にどのように捉えたらよいのであろうか。その点で私が福島大学在任中にしばしば訪問し研究交流をしていたウィスコンシン大学オークレア校（以下，オークレア大学とする）の実践は参考になる。この実践については本書「補論4」で整理されているが，以下そのポイントについて紹介してみる。

　　ポイント1－オークレア大学はウィスコンシン州北部の3カレッジ（文理芸術，専門職養成，経営）で構成され，そして第2の専門職養成カレッジには3スクール（教育，社会福祉，看護）が設置されている。（現在このシステムは調査時と異なり新たな制度再編がなされているが教員養成方式に関しては変更されていない。）

　　ポイント2－教員免許は卒業要件となっていないが，取得する場合「教育スクール」に所属して所定科目（「教育スクール」以外にも「文理芸術カレッジ」等で広く開講されているもの）を履修する。

ポイント3－「教育スクール」は「カリキュラムと教育学科」,「教育基礎学科」,「特別支援教育学科」によって構成されており，日本でいう「教科専門科目」(小学校も含む！)は主に「文理芸術カレッジ」において履修される。

ポイント4－教育実習の体系は以下の通り。①「教育スクール」進学前の半期に「小中学校探索」という教育実習入門を一日2時間，一週4日計8週間学び，次の「ブロック教育実習」履修に向けて学生をふるいわける。②「ブロック教育実習」として作文などの言語技術，読書指導，数学，理科，社会科の教育法と学級経営の科目を履修する。そして半期で大学の授業4週間，小学校で終日4週間実習を行い，学生2名を「協力教員」1名が担当する。③半期の専門教育実習。終日週5日間で18週間の教育実習を2つの学校で行う。またこの期間内で実習実践を踏まえた研究会を大学で4回開く。④「協力教員」は単に実習校に所属する教員ではなく教育系大学院で所定科目3単位を履修し一定の教職経験を有する教員に限られ，大学教員によって選ばれる。

ポイント5－就職率は常に9割以上となっている。(アメリカでは免許は州ごとに発行され他の州で適用されないが，ウィスコンシン州の発行する免許は水準が高いので適用される例があるという。)

「免許選択目的養成」制の基本に据えるべきもの

以上のオークレア大学の事例は国情も異なるし歴史も違うので単純に捉えるべきではないが，この事例では「開放」制を前提にしつつも，「目的養成課程」を学生自身が選択するシステムを，特定学部にとどめないで大学全体で確立していることは参考になるのではないか。

4 「教職大学院」をどう捉えるか

「教職大学院」の誕生

2008 (平成 20) 年 4 月,国立「教員養成学部 (「免許必修」学部)」に設置されていた 15 の「教員養成系修士大学院」が改組されて「教職大学院」が誕生したが,併せて私立「教育系大学」においても 4 校の「教職大学院」が設置された。その大学院名を北から列挙すると,北海道教育大学大学院 (45 名),宮城教育大学大学院 (32 名),群馬大学大学院 (16 名),上越教育大学大学院 (50 名),東京学芸大学大学院 (30 名),愛知教育大学大学院 (50 名),福井大学大学院 (30 名),岐阜大学大学院 (20 名),京都教育大学大学院 (私立との連携) (60 名),奈良教育大学大学院 (20 名),兵庫教育大学大学院 (100 名),岡山大学大学院 (20 名),鳴門教育大学大学院 (50 名),長崎大学大学院 (20 名),宮崎大学大学院 (28 名) という国立系と,早稲田大学大学院 (70 名),創価大学大学院 (25 名),玉川大学大学院 (20 名),常葉学園大学大学院 (20 名) という私立系になっている。

「教職大学院」の基本方針

この新しい大学院は,2004 年 10 月の中山文部科学大臣による「教員養成のための専門職大学院」の在り方への諮問を受けて出された 2005 年 6 月の中教審答申を踏まえて創られたものであるが,その基本方針は以下の通りである。

その 1 ― 学部段階で養成される教員としての基礎的・基本的な資質能力を前提に今後の「教職に求められる高度の専門性の育成に特化」する。

その 2 ―「理論と実践の融合」を強く意識した教員養成プログラムを実現する。

その 3 ― 確かな「授業力」と豊かな「人間力」(児童・生徒や保護者・地域住民等とのコミュニケーション等) を育成する。

その 4 ―「学校現場をはじめとするデマンド・サイド (教員養成側) との意思疎通を特に重視し」,「大学院と学校現場との強い連携関係を確立する」。

従来の「教員養成系修士大学院」との関わりの問題

上記の「教職大学院」の基本方針は,それぞれ今日の大学院における教員養成を進める上で欠かすことのできないものであり,それらの方針に基づいて創

られることは意味のあることである。ただし，この四つの基本方針は，従来の「教員養成系修士大学院」の基本方針と比較すると，必ずしも従来のものと判然と区別することはできない。すなわち従来においてもこの方針に基本的には依拠して進められていたのである。

しいてその違いを述べるならば，基本方針をより明確化したところに特徴があり，そしてシステム上の新しいあり方として，第1に「必要専任教員のうち概ね4割以上は専攻分野における実務経験を有し，かつ，高度の実務能力を有する者とすること」という基準が確立したこと，第2に「実習その他教職大学院の教育上の目的を達成するために必要な連携協力を行う」ために「連携協力校」の確保が示されたことである。

前者の基準はそれ自体意義のあるものであるが，むしろ「理論と実践の融合」はこのことによって機械的に捉えないためにも従来の方向（実務経験者を自主的に位置づける方向）も軽視しない方がよいであろう。ただし後者の連携校確保は従来においては附属学校がその中心に据えられていたが，今後広くこのような学校が確保されること自体は意味のあることであろう。

筆者が危惧するのは，今回の新しい措置が，従来の教員養成系大学院と機械的に差別化されることである。従来の路線を踏まえての新しい試みは決して不可能ではないしその努力は継続しているからである。

教職大学院設置は従来の教員養成系学部以外の大学でなされてもよい

「教職大学院」は現在，基本的には国立系の「免許必修」学部・大学の中から設置されているがこの方向でよいのであろうか。今回上記必修制以外の私立大学にまで広げられた意味は，広く「免許選択目的養成」をめざす学部・大学院においても，この設置がなされ個性豊かな教員養成・現職教育が進められていくところにあるのではなかろうか。

21世紀の教員養成と現職教育は，多様で個性豊かなものをこそ必要としている。

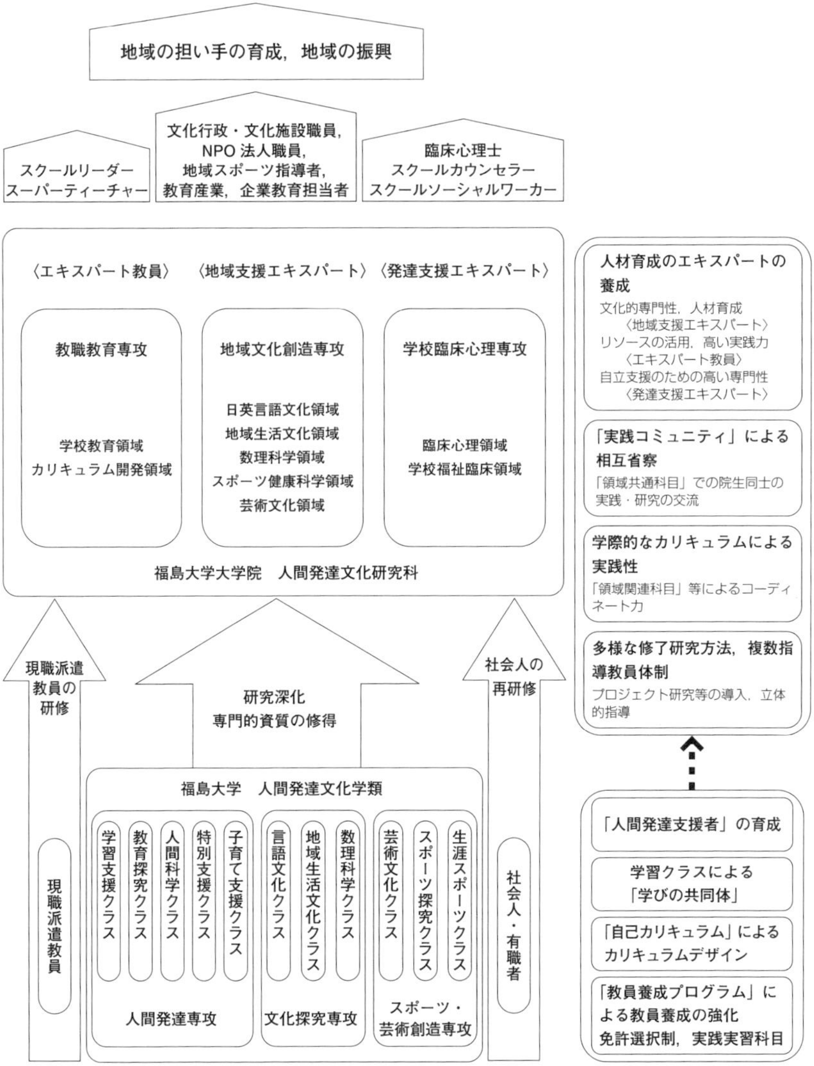

図1 福島大学 人間発達文化学類と人間発達文化研究科の関係

5 「免許選択目的養成」の学士・修士課程づくり

「免許選択目的養成」と学士・修士課程づくり

「免許選択目的養成」とはどんなものかについて，現在においてこのようなシステムが独自の理念に基づいて広く成立しているわけではない。しいていえば，私の所属していた福島大学「教育学部」が「免許必修目的養成」から脱却したときに創りあげつつあるものである。また，私立大学の中で「免許必修」ではないがそこにおいて，「目的養成」もどきものを積み重ねているものもそれにあたるかもしれない。

ただここで強調しておきたいことは，「免許選択目的養成」は決して，いわゆる「開放制教員養成」とイコールではないということである。戦後の教員養成の長い経験の中で，「免許必修目的養成」においても，その他の「開放制教員養成」においても，ここで問題とする「免許選択目的養成」という独自の理念に基づく何らかの経験が積み重ねられていると考えている。その一つの経験である福島大学における「人間発達文化学類」(学士課程づくり)と「人間発達文化研究科」(修士課程づくり)の試みについて以下簡単に紹介したい。

「免許選択目的養成」の学士課程づくり

この新しい学士課程を捉える上で注意していただきたいことは，ここでは小学校教員免許(幼稚園及び保育士含む)や中学校・高校教員免許は「必修」ではないが，その教員免許の「選択」が位置づけられていることである。

この「人間発達文化学類」という学士課程は三つの専攻より成り立っており，第1は「人間発達専攻」，第2は「文化探究専攻」，第3は「スポーツ・芸術創造専攻」である。ここでの教員免許は，第1専攻では主に「小学校」「幼稚園(保育士含む)」「特別支援学校」，第2専攻では主に「中学校・高校」の国語，英語，社会科(地歴・公民含む)，家庭科，数学，理科，第3専攻は主に「中学校・高校」の保健体育，音楽，美術が，それぞれ位置づけられている。

そして教員免許の「選択」のプロセスは，大きく4年間の「キャリア創造科目」に位置づけられて，1年前期に「キャリア形成論」，2年前期に「キャリ

プロローグ 19

大学院人間発達文化研究科	教職教育専攻	学校現場で必要とされる「教育方法」「教育内容」「教育理念」の高次な統合を目指した教員の専門性を伸長することのみならず、学校改革・授業改革に結びつけるための実践的研究を行い〈エキスパート教員〉を育成する。
	学校教育領域	学校を中心とした地域における教育システムの研究、教員の専門性向上のための研究、および、人間個体と集団の発達・成長を中心とした人間発達についての総合的な研究を行う。
	カリキュラム開発領域	文化内容の伝達や再構成についての研究を基盤として、各校種・各教科・各領域の教育内容論や指導論など、カリキュラム実践開発の研究を行う。
	地域文化創造専攻	諸文化を構成する専門的学問分野への研究・実践能力を形成するとともに、領域間の有機的連携に基づいたコーディネート力および人材育成力をあわせもつ〈地域支援エキスパート〉を育成する。
	日英言語文化領域	言語研究・文学研究を通じて人間や社会に対する深い洞察力を身につけ、文化の橋渡し役として、文化の継承・伝達・創造に寄与する能力を身につけた人材を育成する。
	地域生活文化領域	社会科学と生活科学全般をつなぎ合わせ、現代の社会の実態を把握するための研究方法を身につけ、現代社会が生み出す複合的問題の解決をめざす能力を身につけさせる。
	数理科学領域	数理諸科学の研究を通して、自然や社会の事象を数理的・論理的・整合的に認識するための教育・研究を行い、社会や企業などの組織で十分に応用できる人材の育成を行う。
	スポーツ健康科学領域	現代におけるスポーツ・体育・健康の諸問題を科学的認識に基づいて解決し、スポーツ文化の発展や、人々の健康的なライフスタイル確立に貢献できる高度な職業人を育成する。
	芸術文化領域	音楽や視覚的表現の専門的なスキルの獲得及び表現の理論を根底に置き、表現活動を通した地域再生、活性化に結びつけることのできる人材を養成する。
	学校臨床心理専攻	キャリアアップを目指す教員やヒューマンサービスに携わる社会人らを対象に、様々な課題を抱える子ども・青年やその家族に対応する効果的な指導・援助・支援を行う〈発達支援エキスパート〉を養成する。
	臨床心理領域	円滑に学校生活を送ることを目指す教育臨床と、子どもの発達に関わる発達臨床、精神障害を対象とした病院臨床、非行問題等の心理臨床などのアプローチを行う。
	学校福祉臨床領域	教育実践のための授業臨床や学級指導などの実践的研究、および、子どもの生活指導、教育相談、学級経営、保健・健康教育などの教育福祉を対象とした教育研究を行う。

図2　福島大学大学院人間発達文化研究科

アモデル学習（教職入門も含む）」，3年・4年に「インターンシップ（就業体験学習，学校ボランティア・教育実習含む）」が設定されることによって，キャリア意識が順次形成され，その過程において教職意識が深化されていくものとなっている。

この「選択」のプロセスにおいて，「教職登録の手続き」は「入学時・第1セメスター＝免許説明会」，「第2セメスター＝希望免許登録（第3でも追加登録）」，「第4セメスター＝主免許実習参加希望届」，「第6セメスター＝副免許実習参加希望届」と設定されている。

「免許選択目的養成」の修士課程づくり

福島大学大学院修士課程「人間発達文化研究科」は，その学士課程「人間発達文化学類」の第1期生卒業を踏まえて2009（平成21）年4月に，その第1期生を受け入れた。

この修士課程を捉える上で，注意していただきたいことは，従来の「免許必修目的養成」の上につくられた教育学研究科も，免許必修目的養成ではなく，免許すら持たない学生や，免許も取らない学生も入学していたことである。ただしこの修士課程の専攻構造は「学校教育専攻」と「教科教育専攻」とで成り立ち，そこでの必置科目数や必要教員数の基準が明確に定められていた。ただし，今回の教職大学院設置によってこの基準は弾力化せざるをえなくなり，今後の改善・改革が必要となっている。

さて福島大学の新しい修士課程は，上記に述べた構造を抜本的に改革し，3専攻の第1は「教職教育専攻」（学校教育，カリキュラム開発），第2は「地域文化創造専攻」（日英言語文化，地域生活文化，数理科学，スポーツ健康科学，芸術文化），第3は「学校臨床心理専攻」（臨床心理，学校福祉臨床）となっている。

この修士課程において「教職教育専攻」が位置づけられていることに注目しておきたい。

6　戦後教員養成における〈教職指導〉論の再構成

「教職実践演習」における〈教職指導〉論をどう受けとめるか

　今回新しく導入される「教職実践演習」を提起した中教審答申（2006年）において次のような〈教職指導〉に関する指摘がなされている。

　「教職指導は，学生が教職についての理解を深め，教職への適性について考察するとともに，各科目の履修等を通して，主体的に教員としての必要な資質能力を統合・形成していくことができるよう，教職課程の全期間を通じて，課程認定大学が継続的・計画的に行う指導・助言・援助の総体，即ち教科と教職の有機的統合や，理論と実践の融合に向けての組織的な取り組みである。」「これまで，教職指導については，課程認定大学により取組に大きな差があったが，今後は，どの大学においても，学生の適性や履修履歴等に応じて，きめ細かい指導・助言・援助が行われるよう，教職指導の充実に努めることが必要である。このため，法令上も，教職課程全体を通じた教職指導の実施を明確にすることにより，各大学における積極的かつ計画的な取組を推進することが適当である。」

　すなわち以上の指摘のポイントは，第１は〈教職指導〉は，継続的・計画的に行う指導・助言・援助の総体であり，組織的な取り組みであること，第２は〈教職指導〉は，学生の適性や履修歴等に応じてきめ細かい指導・助言・援助が行われること，第３は教職課程全体を通じた教職指導の実施を明確にすることにより，各大学における積極的かつ計画的な取り組みを推進すること，にある。

　私はこの三つの指摘は，これまでの免許必修とされる教員養成系大学・学部にも，それ以外の非教員養成系大学・学部（いわゆる「開放系」）にも，ややもすると欠落させがちなものに目を向けさせるものであると捉えている。

　今までの教職課程教育は，教員養成系であろうとなかろうと，基本的には教職員免許法に規定された科目の履修がその基本に据えられ，学生においては免許必修かそうでないかの違いであり，教員においては専門教育・指導は別にあって「学生の適性や履修履歴等に応じて，きめ細かい」教職に関する指導・助

言・援助が行われるものではなかった。

〈教職指導〉の内実を捉える視座

今までの教職課程とその〈教職指導〉は，単純化して述べるならば，教職員免許法に規定された科目及び若干の選択科目を間違いなく履修することであり，それに加えて現場に依拠した学校ボランティア・介護等体験・教育実習等の履修が加わっていた。ここには個々の免許法科目履修への指導が基本に据えられているだけである。

しかしこのような〈教職指導〉という捉え方で果たしてよいのであろうか。先の三つの指摘を踏まえるような〈教職指導〉の内実を創りあげなくてもよいのであろうか。

その点で上述の中教審答申において「教職実践演習は……課程認定大学が自らの養成する教員像や到達目標等に照らして最終的に確認するものであり，いわば全学年を通じた『学びの軌跡の集大成』として位置付けられるものである」とも述べられている点に着目したい。ここには学生自身の「学びの軌跡」に視点を据えて〈教職指導〉を捉えるという，いわば教職指導の内実を捉える視座について述べられているからである。

「学びの軌跡」に視点を据えた〈教職指導〉論の再構成

今回の「教職実践演習」導入を私の立場から受けとめると，免許必修か否かにかかわらず，まさに〈目的養成〉の観点を〈教職指導〉に位置づけようとするものであるが，それは，そのような指導の質と体制をいかに確立するかという課題を提起している。そしてその質を決定するものが教職履修希望学生自身の「学びの軌跡」に視点を据えるか否かにあり，そのためにもそれを可能とする指導教員等の確保と体制づくりがポイントとなる。

新しい〈教職指導〉は，個々の学生に目配りしうるような授業づくりと指導体制にある。

7 〈免許必修＝目的養成〉観からの脱却と新たな「目的養成」の構築

カリキュラム（学びの履歴）を自らつくる課題の自覚と遂行

　ここで新たな〈目的養成〉の方式としているのは，新科目「教職実践演習」において提起されている〈教職指導〉論を新たに再構成することを前提とするものである。

　すなわちそれは「学びの軌跡」に視点を据え，教職指導を単なる免許科目履修にとどめない新たな指導方式を含むものであり，その方式の全体的性格を筆者は「学生が教職についての理解を深め，教職への適性について考察をするとともに，各科目の履修等を通じて，主体的に教員としての必要な資質能力を統合・形成していく」という，いわば〈目的養成〉を行うことをその基本に据えたものとして捉えている。

　したがってここでの「学びの軌跡」とは①教職理解の軌跡，②教職への適性についての考察の軌跡，③各科目の履修等の軌跡，④主体的に教員としての必要な資質能力を統合・形成してきた軌跡，というものである。

　以上のような「学びの軌跡」を跡づけるという行為の決定的ポイントは，当該大学の側のカリキュラム設定とそこにおいて，学生が自分自身で「学びの軌跡」を跡づけるところにある。単なる科目履修型カリキュラムにとどまらない，未来の教師としての自己形成型カリキュラムにおいてこそ実現しうる「学びの軌跡」の跡づけである。

　そしてこの「学びの軌跡」の跡づけの実現は，何よりも，教員免許取得学生が，そのカリキュラム（学びの履歴）を自らつくるという課題の自覚とその遂行によるものであり，その遂行のプロセスにおいて学生自身の〈教師としての目的意識〉が育成されていくのである。

教職課程履修カルテ〈自己評価シート〉──「学びの軌跡」の跡づけ

　カリキュラム（学びの履歴）を自らつくる上でサンプルとなる「○○大学教職課程　履修カルテ〈自己評価シート〉」例を以下に紹介する（【資料8】参照）。

　このシートは大きく二つに分けられ，第1は「必要な資質能力についての自

己評価」(項目・指標別に5段階自己評価),第2は「教職を目指す上で課題と考えている事項」(文章で記入)となっている。

　第1の「項目」は全部で七つあげられ,①「学校教育についての理解」,②「子どもについての理解」,③「他者との協力」,④「コミュニケーション」,⑤「教科・教育課程に関する基礎知識・技能」,⑥「教育実践」,⑦「課題探究」となっている。この「(大)項目」の下にそれぞれ二つ〜七つの「(小)項目」=「指標」が配置されその「(小)項目」=「指標」にそって5段階の「自己評価」ができるようになっている。たとえば⑥「教育実践」の下に①「教材分析能力」—「教材を分析することができますか」,②「授業構想力」—「教材研究を生かした社会科の授業を構想し,子どもの反応を想定した指導案としてまとめることができますか」,③「教材開発力」—「教科書にある題材や単元等に応じた教材・資料を開発・作成することができますか」,④「授業展開力」—「子どもの反応を生かし,皆で協力しながら授業を展開することができますか」,⑤「表現技術」—「板書や発問,的確な話し方など授業を行う上での基本的な表現の技術を身に付けていますか」,⑥「学級経営力」—「学級経営案を作成することができますか」という自己評価項目が配置され,それぞれにおいて5段階の「自己評価」ができるようになっている。このような「自己評価」を踏まえて自らの「学びの軌跡」を跡づけていくのである。

8　国公私立大学対等平等の個性ある教師教育の創造を

戦後教員養成の2本柱の捉え直し

　本プロローグでは戦後教員養成の2本柱,すなわち「免許必修目的教員養成」と「開放制教員養成」についてあらためて捉え直すことについて問題提起し,〈免許必修=目的養成〉観からの脱却と新たな〈目的養成〉方式の構築,について論じてきた。

　ここからもうかがえるように,戦後教員養成の2本柱の捉え直しとは,具体的には「免許必修」を位置づけるか否かを基準として教員養成の質を区分する方式から脱却して,それぞれの大学が,「目的養成」を位置づけるか否かを基

準とする新たな「開放制目的教員養成」方式へと転換することから再出発することではないかという問題提起である。

「質の高い教員をいかに量的に確保するか」という課題に応えるために

　確かに，戦後教員養成において教育政策策定上大きな課題は「質の高い教員をいかに量的に確保するか」ということであり，それゆえに「開放制教員養成」制度を基本としつつも，免許必修制を導入することになったのであるが，はたしてその政策は妥当なものであったのであろうかということである。もちろん筆者は，免許必修制に目的養成制をセットにすることによって戦後教員養成において「質の高い教員を量的に確保」してきていることの意義を即座に否定するものでない。しかしはたして「免許必修」を位置づけるか否かを基準とする教員養成方式からはそろそろ脱却する時期に入っているのではないかと思うのである。そうでないと，「免許必修」学部の数合わせともいえる政策が依然として継続するのではないかと危惧するからである。そして国立大学「教員養成学部・大学」において，奇妙な「非教員養成課程」としての「新課程」なるもの─これも「一つの免許選択教員養成課程である！」─が登場したり消えたりすることになるのである。

　そしてかつての「教員養成大学・学部の在り方懇談会」のような「教員養成学部」の再編統合方式が県域を越えて提唱されることにもなるのである。筆者はこの懇談会報告の基底にある新たな「目的養成」論の提起は重要な意義を有するものと捉えているが，しかしこれを〈免許必修制〉とセットにしたために，各地域レベルにおいて必要不可欠な現職教育の拠点を廃止することにつながることが問題であると捉えている。

　筆者は「質の高い教員をいかに量的に確保するか」という課題に応えるには，「目的養成」を基準とする新しい教員養成を，国公私立大学の教職課程において共同で進めることによって十分可能ではないかと考えている。そしてその際に今後は原則として〈免許選択目的養成〉制を設定し，国公私立大学の対等平等な個性ある教員養成の実施が必要である。

「目的養成」の導入によって新たな教員養成方式を実施し，「大学院修士レベル」養成にまで引き上げる展望を

　今回の「教職実践演習」の導入は，新たな教員養成方式の最大の保障ともなる「目的養成」を事実上，提起するものであり，しかもその提起はすでに述べたように，従来の〈教職指導〉概念の再構成を必要不可欠なものとしている。ここに，戦後教員養成の2本柱において最も欠けていたものへの鋭い問題提起が含まれている。

　本プロローグでは主に大学における教員養成を中心としたために，現職教育及び大学院における教員養成の問題にまで踏みこめなかったが，「目的養成」の本格的展開は，その大学・学部の現職教育の充実を自ずから要請し，ひいては大学院における教員養成をさらに現実のものにしていくであろう。

I 戦後「教員養成学部」における免許必修制と目的養成の展開

1 国立大学「教員養成学部」の存在意義を問う

　戦後日本における教員養成の原則は周知のように「大学における教員養成」原則と「教員養成の開放性」原則とによって構成されている。そしてこの2大原則を踏まえて国立大学の「教員養成学部」が成立していくのであるが，そもそもこの大学・学部が本当にその2大原則を踏まえて成立しているのかどうかが吟味すべき課題であり，仮にその原則を踏まえているとするならばいかなる意味で踏まえているのかを検討すべきであろう。

　本書においては，「戦後教員養成論」とはいかなるものであり，その論理が現実の教員養成教育の実践といかなる連関を有しているのかを検討する事によって，あらためて「戦後教員養成論」の論理を吟味しつつ，その再構成の視点を提起してみたい。とりわけ2大原則との関わりで「戦後教員養成論」はいかなる内実のものとして形成され，その内実の形成が国立大学「教員養成学部」の展開といかなる連関を有しているのかを明らかにする事を通してその再構成の視点の提起と結びつけてみたい。

　「戦後教員養成論」を，ごく一般的に捉えるならば，新しい戦後教員養成制度の創設に大きな役割を果たした教育刷新委員会における教員養成に関わる審議を踏まえてなされた諸論議の総体であろうが，その中でも同総会において「原則」として確認され決定されたものがその骨格を形成するものであろう。その骨格を以下に列挙してみる。

　①「教員養成は総合大学及び単科大学に教育学科を置いてこれを行う」とい

う原則。(第17回総会。1946年12月26日採択)

② 「教員養成に関すること（その1）」原則。(第34回総会，1947年5月9日採択)(1947年11月6日建議)(11項目)

  (1) 小学校，中学校の教員は主として次の者から採用する。(1．学芸大学，2．総合大学及び単科大学，3．高等教育専門教育機関)

  (2) 高等学校の教員は主として大学を卒業した者から採用する。

  (3) 幼稚園は(1)に準ずる。

  (4) 盲学校，聾学校並び養護教諭は(1)に準ずる。

  (5) 現在の教員養成諸学校中，適当と認められるものは学芸大学に改める。

  (6) 学資支給制，指定義務制は廃止する。

  (7) 教員養成に当たる学校は官公私立のいずれとすることもできる。

  (8) 教育者の育成を主とする学芸大学の前期修了者は小学校教員となることができる。

  (9) 教員養成制度が充実するまでの応急処置として現制度の大学・専門学校卒業者が多数教職につくなどを文部当局に希望する。

  (10) 教員の再教育については組織的制度を設ける。

  (11) 教員養成資格に関しては別に考慮する。

③ 「（その1）」原則(8)の解釈に関する声明。(第8特別委員会第9回委員会，1947年6月13日採択)「小学校教員，中学校教員共に学芸大学4年の課程を修了することを原則とする。只暫定的措置として前期2年の修了者を教員とする。」

④ 「教員養成に関すること（その2）」(第41回総会，1947年10月3日採択)(1947年11月6日建議)(5項目)

  (1) 教員検定の方法（一定期間教諭試補として実務につかせ免許状授与）

  (2) 教諭試補期間　教職課程履修せざる者に実務につかせ，免許状授与する件は，履修せざることも認めるものと誤解されるので，原則として教職課程履修者であることを明確にする。

  (3) 音楽・美術・体育・家政・職業等に関する高等学校・専攻科の卒業者

は(1)に準ずる。
　(4)　教員検定委員会（都道府県に設置し，検定する。）
　(5)　助教諭の資格は高等学校卒業以上とする。

　以上の大きな①〜④の四つの内容によって構成されている「戦後教員養成論」の骨子は詳細に検討すれば，その後の国立大学「教員養成学部」の成立や，教育職員免許法・同施行法の公布などによって実質的には削減した論点や形を変えて登場する論点などによってこの骨子そのものにある種の変形を生じている部分もあるが，戦後教員養成の2大原則を踏まえて位置づけることによって，依然として重要な内容が構成されていることも重視したい。

　さて，ここでは国立大学「教員養成学部」の存在を支える論理の吟味・検討が中心課題となるが，それは具体的に述べるならば，この存在を支える論理が上記の「戦後教員養成論」の基本に据えられている「教員養成は総合大学及び単科大学に教育学科を置いてこれを行う」という原則とどう関わり，そして「教育者の養成を主とする学芸大学」論といかに切り結んでいるのかという問題の検討である。

　そして以上の問題の検討と関連づけつつ，現に存在し，戦後教員養成において少なからずの役割を果たしてきた国立大学「教員養成学部」の実践と経験の側から「戦後教員養成論」の再構成の視点を紡ぎ出してみたいと思う。とりわけ筆者も属する福島大学教育学部の教員養成教育の実践と経験をその中心に据えて進めたい。

　なお福島大学教育学部は2001年2月に『21世紀の教師教育を考える－福島大学からの発信』（八朔社）という著書を刊行し，その中で上記の実践と経験を整理している。

2　国立大学「教員養成学部」教育の展開

　福島大学「教育学部」（前身は学芸学部）を含む国立大学「教員養成学部」は，1949年5月31日に公布された「国立大学設置法」に基づいて，従前の「教員養成諸学校」（高等師範学校4校，女子高等師範学校3校，農業教育専門学校1校，体

育専門学校1校，師範学校57校，青年師範学校48校を包括するもの）から大学に「転換」したものである。

この「転換」にあたっては，戦後教員養成の出発時の原則問題として，従前の「教員養成諸学校」をそのまま大学に転換することへの危惧の念が教育刷新委員会において論議されていたのであるが，確かに「大学における教員養成」原則の安易な適用がややもすると進行する危険性の中で再出発したことを銘記しておく。

今日から見ても，この大学への転換は，新制大学出発時での短期間の事業というよりは，戦後教員養成教育のその後の展開の中で，「教員養成学部」の主体的努力を媒介として，まさに大学としての内実を形成し発展させてきたように思える。

その点で，国立大学「教員養成学部」論としては「大学における教員養成」原則をいかなる形でその内に内在化しているかという点を一つの視点として設定する必要がある。

しかし問題はそこにとどまらないで，戦後教員養成の出発時でなぜ「教育者の育成を主とする学芸大学」論が出されたのかを解明する必要がある。すなわち第1の原則として出された「教員養成は総合大学及び単科大学に教育学科を置いてこれを行う」の立場から考えると「教育者の養成を主とする学芸大学」論は必ずしも関連を持って説明することができないのではないかという問題が生じてくる。したがって国立大学「教員養成学部」論を検討していく際に，まず「教育者の養成を主とする学芸大学」論の検討から始めることにしたい。この論理はまさに文字通りの「教育養成学部」論と重なるものであり，今日的課題にも迫りうる可能性を有するからである。

(1) 「教育者の養成を主とする学芸大学」論の検討
① なぜ教育者の育成を主とする大学・学部を設置するのか

教育刷新委員会の第5特別委員会は，総会の中の一方での「何か特別な教員養成のための機関を設けるということはいけない」（天野貞祐）や地方での「現

にある教師養成の機関を拡充してこれの内容を改革して完備させる」(及川規)という対照的意見を背景としつつ，当初教育大学の特設を主張する立場とそれに否定的な見解を持つ立場の論議を踏まえて，「教育の技術」必要論を加味して「総合大学に一つの科として教育科というか師範科というか，それを考える」という方針が形成されつつあった。

　ところが「教育大学か総合大学か」という論議によって「総合大学」における教員養成論が優勢となって，教育大学論が劣勢となり，務台委員の「教育大学を設けないということを言わないで，総合大学が基準になっていく」ということだけ決めてほしいとの発言すら出された。すなわちここにベースとして蓄積されつつある論理は，教員養成はまずもって「大学」しかも「総合大学」において行われるべきであるということである。それゆえに後景に退いた論理は「教育者養成を主とする大学」という論理であった。南原副委員長の「教育大学というと単なる名称だけでない，やはり教育専門の人を養成する，また教育だけの学問を主とする大学だということにどうしてもなる，これがまさに今日の師範学校制度の根本の改正しなければならん点で，したがって普通の大学，総合大学はもちろんのこと，単科大学でありましても十分それで数をこなせる」「だから教育はいいと言うような務台さんの意見というものは，この前あたりからずっと総会で話してきたのと余程違うような印象を受ける」という発言に象徴される。

　ところが以上のベースを踏まえつつも，城戸委員より，上記の総会決議には「とくに教員を養成するための大学というものは作らない」という意味があったと思うが，ただそれで「教員の需要」を充たすことができるかという問題が提起された。つまりいわば「量の視点から考え直さざるを得ない」という主張である。

　しかし，城戸委員はさらに次のようにも述べている。すなわち総会での主張は「教員は特殊な技術を別に養成しないで，専門的な教科をやっておきさえすれば後は教育学科の何単位取ればそれで出来るのだという考え方が基本になって」おり「果たしてこれからの教育養成が本当の専門家を養成するのにそうい

う考えで良いかということも大きな疑問だと思っている」という主張である。

　ここではたとえ正当な主張ではありえても先述の「教員の需要」を充たすかどうかへの主張とは別次元の問題であることに注意する必要がある。すなわち「教育者養成を主たる」とする大学をつくらないという論理に対して，「教員の需要」との関わりでていねいに論理を展開しないで，別の観点—「教員は特殊な技術」が必要であるという観点から論理を展開している。

　確かにこの「量の視点」は軽視すべき問題ではなく，今日に至っても「計画養成」という論理（卒業要件に免許取得必修をセットするという論理）として存在しつづけている。当時においても「教育者養成を主たる」という論理はこの観点を踏まえて教育刷新委員会であらためて主張されていたともいえる。

　にもかかわらず，その再登場において，決して「特殊な技術」必要論とセットになって「教育大学・教育学部」論として成立していないことに注意する必要がある。そして「教育者養成を主たる」という論とセットになる大学・学部が「学芸大学・学芸学部」であったのである。ただし，この「学芸大学・学芸学部」論において，先述の城戸の提出した，教員は「特殊な技術」が必要，という主張とどう関わるのかはあらためて検討すべき課題である。

　② 「学芸大学・学芸学部」論と「特殊な技術」論との関わり

　この「学芸大学・学芸学部」論を検討する際に，留意すべき点は，これは戦前の師範教育への批判・反省を踏まえて成立しているということである。したがって基本的には「教育者養成を主たる」という論理を完全否定する中で成立しているということである。

　周知のように1949年の新制大学・学部においてはこの「学芸」という名称とともに「教育」という呼称が並立しており，その点との関わりも次に検討すべきであるが，ここでは出発においては，原則として「学芸大学・学芸学部」論であったという点のみ確認することにとどめる。

　「学芸大学・学芸学部」論の形成に関わる，教育刷新委員会での発言をかいつまんで整理してみる。これらは，まさに「教育者養成を主たる」という論理を完全否定する諸論議の中で成り立ち，しかも「師範学校・師範大学」はもち

ろん「教育大学・教育学部」という名称も否定する上で成り立っていた。

　すなわち1947年4月11日の総会で，従来の「教育大学・教育学部案削除」が提案されるが，そこで矢野委員は第8特別委員会でのやり取りを整理して次のように報告している。

　一方で「大学の教育学部というものと，単科の教育大学というものが問題になったということを申しましたところ，それはどういうことが問題になったのか，教育大学はおかしいというのはおかしいじゃないか，師範学校の方に今まで弊害があったということは十分聞いているし，また文部省の方でのその弊害を矯めるために非常に努力しておることを承知して喜んでおる。師範教育は改革しなければならんことは，我々は承知しておるのであるが，それがために教育大学をなくするということはどういう意味か」の発言。

　これに対して「それはあなた方は，師範教育の歴史はよく分からないから，そういうことを言うけれども，日本の師範教育の歴史についてはいろいろ歴史があって，それで問題になるのである。それで刷新委員会のメンバーの内にも違った考えをもっておる者もおるけれども，しかしそういうことは問題になっておるのであって，とにかくこの前の会議では，教育大学というものを単独でおかないという決議になっておるのであるからそれで師範学校の処置を討議する場合にそれが問題になったのだ，こういう話もいたしました」。

　以上のやり取りは，一方は師範学校改革を踏まえても教育大学設置の肯定の立場の発言であるが，他方は師範教育の歴史を踏まえて「教育大学というものを単独でおかない」という立場の発言である。そしてかかる論議を踏まえて第8委員会の務台主査は「教育大学や教育学部を削除した修正案」を総会で大要次のように説明する。

　＊「総合大学の教育学部」を削ったのは，「教育学科」（「教員養成は総合大学及び単科大学に教育学科を置いてこれを行う」という原則でいうもの）の中に「ある意味で含ませることが出来」，「教育学科が相当大きくなった場合において，教育学部というものにしても差し支えない」。すなわち「教育学科というものを弾力あるものにした」。

＊「現在の教育養成諸学校がそのまま教育大学ということになりますと，いわゆる師範学校の刷新ということが一掃されない」ので，教育大学を削った。

＊「全ての学芸大学が，教員の養成に主として当たるというような意味ではない」。「教育養成を主とするという意味は，養成だけをやるという意味じゃない」「教員にならんものも，そこに加わるが，しかし，より多くの教員になるようなそういう学芸大学という意味」である。

以上において整理したように，「教育者養成を主」とするという大学・学部の名称は「教育大学・教育学部」ではなく「学芸大学・学芸学部」となり，しかもその学芸大学・学部すべてが「教育者養成を主たる」目的としないということも確認された。

それでは，その「学芸大学・学芸学部」論と，教職の専門性育成と関わる「特殊な技術」論との関わりをどう捉えるかについての検討に入りたい。

この問題は「教員養成は総合大学及び単科大学に教育学科を置いてこれを行う」という原則の具体化に関わるものであるが，この問題に関連して務台主査は，この問題の捉え方は「専門学科を専攻して教育学科の世話を受ける」のか，「教育学科で専門学を専攻する」のか，どちらかという質問に対して，「前者の行き方であり，文学部や理学部の学生が教育学科で単位を取る，世話になることだ」と答えている。そして他の質問への回答に関連して，教育学科が大きくなれば「自然にそれを専攻する学生も多くなってくる，教育学をやるもの，教育行政，社会教育へすすむものもでてくる，このように大きくなったものは教育学部と言っていい」と述べた。

務台主査は後の東京教育大学構想につながるような「教育者養成を主たる」目的としないような新しい教育大学像を一方で持ちながら，他方で「学芸大学・学芸学部」における教員養成の方法を「専門学科を専攻して教育学科の世話を受ける」という方法において捉えており，なおかつその「教育学科」もしくは「教育学部」を，教員養成の学科・学部と区別した教育研究の学科・学部という捉え方を提起して，いわゆる専門学科に加えてそのような教育研究の学科・

学部の「専門学科」として成立していく可能性についても言及している。
　したがって「学芸大学・学芸学部」論と「特殊な技術」論との関わりは，次の2点から捉えることができる。
　第1点は，「教育学科の世話を受ける」という，いわば基礎的レベルの「特殊な技術」を習得するというものである。
　第2点は，「教育学科」の「専門学科」(教育研究関係領域専門)でさらに習得するというレベルのものであるが，これは必ずしもいわゆる「特殊な技術」に限定されるものではない。
　この2点の特徴には，一つは戦前師範教育批判と反省を踏まえて，「特殊な技術」重視への警戒や，それに伴う大学レベルの教養重視の傾向が強いこと，二つは「特殊な技術」もその基盤程度にとどまる傾向があることである。これらの傾向の背景には，この段階での教育実践研究の不十分性といわゆる教科教育学の未熟性がうかがえる。

(2) 「学芸学部」と「教育学部」の並置ともう一つの教育学部・教育大学
① なぜ「学芸学部」と「教育学部」が並置されたのか
　この問題は，教育刷新委員会の論議の展開とともに，教育養成諸学校の大学への転換の具体化政策の実施及びそこにおける占領軍の指導がからんで進行していったことを念頭において検討する必要がある。その詳細な検討はここでは省いて，そのポイントのみ整理すると次の通りとなる。
　すなわち，一方で師範学校の安易な大学転換への警戒と結びつつ，師範学校と高等専門学校との合併・再編成が進行する中で，「学芸学部」「文理学部」を設置する方向がでてきたことと，他方で占領軍からの指導として「リベラルアーツカレッジとエデュケーションスクールの二つにはっきり分けるべきものであって，学芸大学の中に教員養成を含むということは，どうしても理解しがたい」という意見や，「日本の大学教育に転換の際に，教育学部というものが，もっと力強く表面に出てくるはずである，われわれは待ち望んでおったのであるが，これが出てこないのは遺憾千万である」という意見があったことである。

占領軍の意見に対しては日本側は「趣旨については十分説明をいたしたつもりでありますけれども学芸大学の翻訳が従来の例によってリベラルアーツと訳して有りますので多少その翻訳の上に内容上のくいちがいあるのでいっそう誤解が甚だしくなっている点もある」と対応している。確かにその点もあろうが，教育学部そのものの理解のちがいも存在していたのであろう。ただし，日本における戦前から戦後への転換の文脈については占領軍（アメリカ軍）においても十分な理解がなされなかったことも事実であろう。

　それはともかく，現実に進行したことは，次のような1948年12月16日の文部省通知に示されたことである。

(1) 学芸大学または学芸学部は学芸部と教育部とに分け，文理学部をもつ場合は教育学部とする。

(2) 文理学部または学芸部は，人文，社会，自然の諸科学について一般教養及び専門教養を担当する。教育学部又は教育部は，教育基礎学，教育技術学，教育行政学，各科教育研究に属する諸学校について教職教養を担当する。

(3) 音楽，美術，家政，職業，体育の諸科は当分の間，教職教養を中心として，教育学部又は教育部にまとめる。将来においては，これらの諸学科の一般教養及び専門教育の担当講座は，文理学部又は学芸部に設けることを希望している。

　すなわち「学芸学部」は19大学（そのうち千葉大学は発足直後に文理学部を設置して教育学部となる），「教育学部」は18大学，「学芸大学」は7大学，さらに小学校教員養成コースを含む「お茶の水女子大学文教学部」「奈良女子大学文学部」「広島大学教育学部」「東北大学教育学部」が設置された。

　以上において列挙されているように，いわゆる「教育者育成を主たる」目的とする大学・学部は①「総合大学学芸学部」②「総合大学教育学部」③「学芸大学学芸学部」に分類することができる。

② 「学芸学部」「教育学部」の並置をどう評価するか

「学芸学部」「教育学部」の設置は，小学校教員養成コースを含む国立大学「教員養成学部」であるが，当初の理念との関わりでこの設置を評価すると，前者の「学芸学部」は「総合大学学芸学部の一部分」としての「学芸部」で「一般教養」「専門教養」を学びつつ，「教育部」という「教育学科」に相当するところで「教職教養」を学ぶということで戦後教員養成の原則に適うものとされ，後者は一方で「文理学部」で「一般教養」「専門教養」を学びつつ，他方で「教育学部」で「教職教養」を学ぶということで戦後教員養成に適うものとされている。

しかし形式的には以上のように整理されるのであろうが，現実には，一方の「学芸学部」は「一般教養」を他の学部との関連で担当させられ，「学芸部」における専門教養を学ぶ機能は必ずしもその位置づけは十分でなく，全体として「教養部」的性格が濃厚なものになっていた。

また他方の「教育学部」は現実には，「文理学部」で「一般教養」「専門教養」を学ぶのではなく，単なる他学部聴講が可能な程度でとどまり，したがって「教育学部」の中で現実には「学芸部」部分と「教育部」部分が並存していた傾向が強い。

おそらく一方で「一般教養」「専門教養」，他方で「教職教養」という二つの部分が文字通り機能していたのは，東北大学における「各専門学部」と「教育学部」との関係の中においてであろう。ただし，「一般教養」「小学校教科専門科目」等の部分については「教育学部」の中で位置づけられており，そこに「専門科目」と「一般教養科目」「小学校専門教養」とのある種の格差問題を潜在的に残存し続けていた。

③ **もう一つの教育学部・教育大学をどう評価するか**

上記で検討してきた，いわば「教育者育成を主たる」目的とする大学・学部と区別される，もう一つの教育学部と教育大学も設置されたが，この設置をどう評価すればよいのであろうか。

その教育学部とは，戦前の「旧帝大」と呼ばれた北海道大学，東京大学，名

古屋大学，京都大学，九州大学のことであり，「教育」と名づけられている意味は，先述の教育研究を目的とする「教育学科」の発展したものである。なお東北大学の教育学部はこの類型の教育学部に設置するが，併せて師範学校をも内に位置づけることによって「教育者育成を主たる」目的とする学部に位置づけられるものとなっている。

　以上の「旧帝大」型の教育学部は，教育研究を目的とする学部として戦後教員養成の理念・原則を実現していく上で重要な位置を占めるものとなっている。

　また教育大学としては当時は一つのみ存在していたが，それは東京教育大学（現筑波大学）である。しかもここでは「教育学部」も設置され，小学校教員養成コースも位置づけられていない点で，いわゆる「教育者養成を主たる」目的とするものとは異なるものである。したがって前述の「旧帝大」型の教育学部に位置づけられるものであるが，この大学全体が教育大学という名称となっていることで「旧帝大」とは区別して検討をしてみたい。

　ところで教育刷新委員会で後に東京教育大学となるような「教育大学」像を提起していたのは先にも触れたように務台理作である。すなわち務台は新しい教員養成制度を構想する際に，師範教育批判の強い当時としては「教育大学」という名称は最終的に控えたが，しかし彼の「教育大学」構想は戦後教員養成の理念・原則に適うものとして提起されていたことを銘記しておきたい。現に，東京教育大学は一方で文理科大学の伝統を踏まえた文学部・理学部を擁し，他方では教育学科にとどまらない教育研究を目的とする教育学部を擁する大学として成り立っており，まさに新しい教員養成の方向を指し示す面をもっていた。

　ただし，小学校教員養成コースを有していなかったことにより「教育者養成を主たる」目的とする大学とは位置づけられていない。なお，一言補足しておくと，広島大学は同じ文理科大学の伝統を引き継ぎながら，併せて師範学校をも統合した大学・学部であったことを銘記しておく必要があろう。

(3) 国立大学「教員養成学部」と福島大学教育学部の実践と経験
① 「教育者養成を主」とする大学・学部と国立大学「教員養成学部」

　以上において検討してきたように，「教育者養成を主」とする大学・学部とは，結局は戦前の「教員養成諸学校」が大学・学部に転換したものであったが，具体的には「文理学部」を有する大学では「教育学部」，それを有しない大学では「学芸学部」及び「学芸大学・学芸学部」，ユニークなものとして「東北大学教育学部」「広島大学教育学部」として設置された。（お茶の水女子大学と奈良女子大学は，いわゆる「教育者育成を主」とする大学・学部に分類されない。また東北大学も後に宮城教育大学の分離によってそのような分類から一応別のものとなっている。）

　以上の大学・学部は，1964年のいわゆる「講座・学科目省令」によって，三種類の中の一つとしての「課程・学科目」大学・学部として位置づけ直され，まさに国立大学「教員養成学部」として大学名・学校名が「教育」へと名称変更されることになる。ただし東京学芸大学は当時「東京教育大学」の存在もあって，学部名のみ変更された。

　この名称変更によって「教育者養成を主」とする大学・学部は文字通りの教育大学・学部として免許必修の計画養成の路線の下に位置づけられて，その内容充実を図ることにもつながる。ここに「教員養成学部」「非教員養成学部」という二つの「教育学部」が固定化されることになる。

　ただし，1980年代の少子化の進行に伴って計画養成の機能が十分果たせなくなり，いわゆる「新課程」（ゼロ免課程）が設置され，さらに1990年代に入っていくつかの大学では学部名称が「教育学部」から「〇〇教育学部」「教育〇〇学部」へというような一部「教育」名が残るような学部名の変更がなされるようになる。

② 「教員養成学部」を捉える視座

　国立大学「教員養成学部」は，戦後においては次の五つの時期に区別して捉えることができる。

　第1の時期は1945～49年の「教育者養成を主たる目的とする大学・学部をつくるかどうか」の論議があった，いわば「教員養成学部」前史の時期（「教員

養成諸学校」転換の時期), 第2の時期は1949～66年の「新しい教員養成学部のあり方が問われる」時期(「学芸学部・教育学部」並立の時期), 第3の時期は1966～87年の「計画養成の明確化と教員養成系修士課程大学院設置」の時期, 第4の時期は1987～97年の「教員養成系・大学院の充実といわゆる新課程(ゼロ免課程)の新設」の時期(「教員養成課程」「非教員養成課程」並立の時期), 第4の時期は1987～2001年の「教員養成課程の5千人削減計画と教員養成学部整備」の時期(「○○教育学部」「教育○○学部」新設の時期), 第5の時期は2001年以降の時期で, 高等教育・国立大学のあり方があらためて問われている時期であるが, 同時に「生涯学習時代における教員養成・教師教育のあり方とそれにふさわしいシステムが求められる時期」でもある。そしてそのシステムづくりにおいても最も留意すべき課題は「教員養成課程」「非教員養成課程」という, いわば2層構造の問題(大学院は「教員養成課程」の上につくるが,「非教育養成課程」の上にはつくれないというような問題など)にどう対処し, 今後の国立大学「教員養成学部」をどう再編成するのかという課題である。

この第5の時期においてあらためて国立大学「教員養成学部」のあり方を検討していく上で重要なことは一方で「戦後教員養成論」の再構成を視野に入れ, 他方で戦後の「教員養成学部」の実践と経験を踏まえた「教員養成学部論」の基本構図を描いていくことである。それでは次に戦後の「教員養成学部」の実践と経験を踏まえた「教員養成学部論」の基本構図を描くための一つの試みとして福島大学教育学部の実践と経験の整理を以下に行いたい。

③　福島大学「教員養成学部」の実践と経験——「目的養成」の発見

福島大学「教員養成学部」の実践と経験を大きく時期区別すると以下の通りとなる。

第1時期(1949～66年)「学芸学部」時代
第2時期(1966年～現在)「教育学部」時代
　　1期(1966～80年)「系改革」以前
　　2期(1980～99年)「系改革」期
　　3期(1999年～現在)「学校教育教員養成課程」期とその見直し期

以上の時期区分からもうかがえるように，福島大学「教員養成学部」は発足当初は「学芸学部」(もう一つは「経済学部」)であり，学部名称以降は「教育学部」として今日に至っているが，その中でも特筆すべきことは，「系改革」という教員養成学部改革を断行したことである (1980～99 年)。

　この「系改革」の詳細については冒頭に紹介した著書 (『21 世紀の教師教育を考える』八朔社，2001 年 2 月) のとりわけ第 1 章を参照してほしいが，この改革を一言で表わすならば，「教員養成教育における小学校教員養成の独自性を位置づけ，その独自性を踏まえて中学校・高校教員養成や幼稚園・養護学校教員養成も組み立てようとする改革」(前掲書，3 頁) である。

　したがって，この改革では「一方では小学校教員養成の独自性を小学校教科専門 (小専) 科目や初等教科教育法 (教材研究法) を重視しようという改革を志向し，他方では中学校・高校教員養成の独自性を，個々の教科専門科目とは独自な総合科目を設定しつつ，さらには中等教科教育法とその教科専門科目との関連づけへ努力も行われた」(前掲書，3 頁)。

　さてこの「系改革」の詳細はここでは省略しつつも，なおかつあえてここで問題とするのは，戦後教員養成論の根幹に関わる注目すべき実践と経験があるからである。

　それは，1977 年 10 月 12 日の教授会決定文書であるが，そこには 1966 年の名称変更に対応する目的養成・計画養成・免許必修制に対する見解さらには「戦後教員養成論」の再構成への有力な視点ともいえるものが含まれている。

　　　「本学部におけるカリキュラム改革は，『学芸学部』時代から種々行われて来たが，全体としては，文学部や理学部等の縮刷版を教育学部の各教科ごとに作る発想に立つカリキュラムであり，いきおい，小学校課程のカリキュラムが中学校課程に『従属』しがちで，その独自性が薄れていた。」(前掲書，16 頁)

　ここに示されたカリキュラム観は，単なる「文学部や理学部等の縮刷版を教育学部の各教科ごとに作る発想に立つカリキュラム」から脱却しようというものである。

ここでは当面「小学校課程のカリキュラムが中学校課程に『従属』しがちで，その独自性が薄れていた」という小学校教員養成の独自性が中心課題となっているが，その根本には，「教員養成学部」カリキュラムはいわば「専門学部」とは異なる独自の専門性という観点を踏まえて編成すべきであるというカリキュラム思想があるからである。
　同時に注意を向けたいのは，以上の文章に続く次の文章である。
　　「もっとも，このことは，師範学校から新制の教員養成系大学・学部への切り替え後，学術的水準の向上を目指すという課題実現のために必要な経過点であったかもしれない。」(前掲書，16頁)
　つまり上記の，いわば「教員養成学部」の独自性という観点が成立する上で，「学術的水準の向上」という観点も必要不可欠であり，したがってかつての師範学校から学芸学部への転換は「必要な経過点」であったと捉えている。まさに師範学校から大学への転換を踏まえての「独自性」である。さらに文章は次のように続く。
　　「然し，その後の階段について考えると，そのことがかえって教育学部としての独自の目的・性格への自覚を失わせ，『教育体系』(教育の科学化とその研究・教授)の視点からカリキュラムを追求して行くことを，なおざりにさせた。そのために，小学校教員養成課程が，教育学部において，中学校等の課程の対等な一つの課程として位置づけられにくい結果を生んだのである。」(前掲書，16頁)
　ここには，大学としての「教員養成学部」の必要条件(「学術水準の向上」)のみではその「学部」としての存立条件(十分条件)とはなりえないことを明示しているように読み取れる。
　また，他の「一般学部」のような単なる免許基礎資格授与システムがあるだけでは，この「教員養成学部」の専門性が確立しているとは言えないということである。このような観点は，かつて戦後初期に「教育者養成を主たる目的」とするということが，単に教員需要に対応するというレベルにとどまっていたことからみると大きな，いわば質的変化も読み取れる。

したがって，福島大学「教員養成学部」の実践と経験は，国立大学「教員養成学部」論の展開において，従来の単に教員需要に対応する，いわば「計画養成」論（卒業要件に教員免許必修を義務づけるシステム）の水準から，「教員養成学部」の〈専門性〉の内実を確定することを提起していることである。

この〈専門性〉の内実を確定していく観点は，元文部科学省教育大学室においても提起されつつある観点であり，たとえば「教員養成学部が直面している課題」として「他学部にはない教員養成学部独自の専門性の確立」について提起している（2001年5月）。

3　「教員養成学部」と「教育研究学部」の区別と連携
——「教育学部」名称の吟味と「教員養成学部」の独自性

(1)　「戦後教員養成は総合大学及び単科大学に教育学科を置いてこれを行う」原則

この原則は文字通り，すべての大学で教員養成がなされうるという「教員養成の開放制」の原則を前提とするものと捉えうるが，ただし，そのことが成立する前提条件はまさに「教育学科」を設置するところにあるのであり，しかもその「教育学科」は「教育職員免許法」原則に基づく教職課程カリキュラムの全体設計と，いわゆる「教職科目」を担当する責任を負う学科である。

併せて，いわゆる「教員養成学部」においても，以上の原則つまり「教育学科」の設置が必要不可欠であることはいうまでもない。このことは「教員養成学部」に「教育学部」という名称が付与されていることとは別の問題である。したがって，「教員養成学部」は一方でその学部固有の専門性を確立するとともに，他方で以上の専門性に依拠した専門学科とは区別される「教育学科」を設置して教職課程カリキュラムの全体設計と，「教職科目」設定に責任を負う必要がある。

⑵ 「教員養成学部」と「教育学部(教育研究学部)」の相違点

それでは「教育学部」という名称が付与されている「教員養成学部」と「教育研究学部」としての「教育学部」とは、どう異なるのであろうか。

戦後の「教育研究学部」としての「教育学部」とはいわゆる旧制大学型、旧制高等師範学校型(一応は東京教育大学のみであるが、それまで旧制高等師範学校であった広島大は師範学校と統合して教員養成学部機能が位置づけられ、またお茶の水女子大学は「文教学部」・奈良女子大学は「文学部」とされ、さらに戦時期に昇格した金沢大学は「教員養成学部」へと転換された)の教育学部を指す。

以上の「教育学部」は〈教育学〉(教育心理学等含む)の学的体系化を視野に入れた教育研究を目的とする学部であり、したがって教員免許カリキュラム体系における「教科専門科目」は基本的には他学部履修で、また「教職専門科目」は自動的には位置づけられず、しかも小学校教員免許の取得も位置づけられていない学部である。

それに対して、「教員養成学部」は何より教員免許が卒業要件としてセットされていること、さらに小学校教員免許の取得が位置づけられつつ、卒業要件ともなっていることが大きな特徴となっている。

しかし、上記の特徴点に加えて「教育研究学部」としての「教育学部」と「教員養成学部」とのより本質的な相違点として指摘したいことは、教育現場と有機的連携を保ち、教育学研究(とりわけ教科教育学研究)と教科内容研究との、有機的な連携が保たれているところにある。

このように有機的連携は、戦後教員養成教育において、ややもすると最も軽視されていた点であり、教科専門教育を行うことと教科教育学教育を行うこととが区別されていなかった。

「教育研究学部」と異なる「教員養成学部」の独自の専門性とは、「教科教育学」教育と「教科専門科目」教育との有機的連携の中にこそあるということである。

もしこのような有機的連携が欠落することになれば、「教員養成学部」は他の専門学部のミニ学部のようなものの混合的編成にとどまり、他の専門学部と

本質的なちがいがないということで，それぞれの専門学部に吸収されることにもなりかねない。

なお今後，「教職専門大学院」を視野に入れた学部教育を展望する際に，以上において述べた「教科教育学」と「教科専門科目」との連携づけという独自の専門性の確立が必要であり，そのことこそ「教員養成学部」と「教育学部（教育研究学部）」との本質的相違点となろう。

(3) 「教員養成学部」の独自性と「教育現場との有機的連携」

以上において検討してきたように，「教員養成学部」の独自性は単に教員免許が卒業要件として位置づけられていることではなく，①教科教育学と教科専門科目との有機的連携と，②教育現場との有機的連携という二つの連携の保持によって成立するものである。

したがって，戦後教員養成の出発点において，「教育者養成を主たる目的」とする大学・学部を設定した根拠が，教員需要への対応のみであったと捉えるようなことについては新たに見直すべき点であり，「免許必修・計画養成制」は必ずしも戦後教員養成の理念に照らして必然的な要件であったわけではない。

ただし，大学・学部それぞれが，その「免許必修」を制度設計の基本に据えることはありうるし，また文部科学省が全国的視野から「計画養成制」を位置づけることは当然ありうることである。文部科学省は本来的には「開放制教員養成」の中で，一方で教員需給に対応しつつ，他方では「開放制教員養成」全体の水準の維持向上・「教員養成学部」における「目的養成」の水準の維持向上のために指導助言・条件整備の機能を充実させることが望ましい。

なお，「教員養成学部」の独自性としての「教科教育学と教科専門科目との有機的連携」は，その水準の維持向上において中心的な位置を占めるが，もう一つの「教育現場との有機的連携」については，「教員養成学部」と「教育研究学部」の両者に関わる「教員養成」と「教育研究」の基底にあるべきものである。

補論1　教師教育と〈教科教育学〉

(1)「教免法」と教科教育関係科目

　周知の通り戦後教員養成の根幹をなすのは教育職員免許法(「教免法」)であり，これが1949年5月31日に制定されることによって，戦後教員養成が出発したといえる。この教免法の最も重要な特徴は「教員養成は大学で行い，そこで一定の単位を修得した者にはすべて免許法を授与する，といういわゆる開放制を原則としていることであり，また大学を除くすべての学校教員は必ず各相当の免許状を有しなければならず，その違反者には罰金を科するほど教員の専門職性確保に徹底を期していることである」(神田修)。

　したがって大学において教師教育を進める際にこの「教免法」とそれに基づく諸基準に沿うことが基本条件となっており，それゆえに「教免法」やそれに基づく諸基準をいかなる内容で構成するかは重要な研究課題である。同時に併せて重要な研究課題とすべきことは，上記の諸基準に基づいて各大学でどれほど特色ある教師教育が進められるかという実践にそくしての問題である。

　筆者は総じて，以上に述べた諸課題に取り組む上での基本問題は教育学研究においていかに"教員養成学""教師教育学"を位置づけるかということにかかっていると考えているが，本提案では，その中の一環を構成すべき問題としての教科教育関係科目のあり方について「教員養成学部」の実践に基づいて考えてみたい。

　さて「教免法」において教科教育関係科目はどのような内容として，どう位置づいているのであろうか。

　教科教育関係科目とは広義で捉えると教科に関わる科目として，小学校教員養成では「小学校教科専門科目」(小専)・「教材研究」，中学校・高校教員養成では「中学校・高校教科専門科目」(いわゆる専門科目)・「教科教育法」であろ

うが，狭義で捉えると小学校では「教材研究」，中学・高校では「教科教育法」となる。以上の科目は「教免法」上では「教科専門科目」と「教職専門科目」と位置づけられ，上記の狭義の教科教育関係科目である「教材研究」と「教科教育法」は「教職専門科目」となっている。したがって「教材研究」「教科教育法」は教育学・教育心理学関係科目の一環として位置づけられていることにもなる。ただし「教材研究」は当初は「小専」とともに「教科専門科目」の中にあったが1954年の改正によって現行のようになった。

なお「教科教育学」という名称の科目について一言しておくと，この科目が「教員養成学部」において登場してくるのは1966年4月の大学名・学部名の変更（学芸大学・学部より教育大学・学部へ）を契機としており，大学によっては「教材研究」「教科教育法」の別称として，あるいは他ではそれらの系列科目として位置づけたところもある。

(2) 教材研究・教科教育法と教科教育学

「教員養成学部」の教科教育学は一般的には1966（昭和41）年の大学・学部の名称変更を契機として，新しく登場してきたものであるが，それは教材研究・教科教育法の授業担当方式の転換に伴うものである。すなわち従来の教科専門担当者の受け持つ方式（兼担方式）から教科教育担当者の受け持つ方式（専任方式）への転換であるが，その際に大学によっては「教材研究」「教科教育法」という科目を「教科教育学」へと変更したところもある。

筆者は，この新しい動きに共感しながらも，そこには次のような問題と課題があることを指摘せざるをえない。

① 教材研究・教科教育法は，はたして教科教育学と同一視してもよいのであろうか，両者を区別することにも意味があるのではなかろうか。

② 狭義の教科教育学とは，教科教育に関する教育学であり，教育学的方法論を踏まえた専門科学として独自に位置づけることはできないか，そのような教科教育学は必ずしも校種を前提としないで，むしろ共通性を前提として教科教育の基礎理論（発達段階論を含む）とでもいえるようなものをそ

の内容としてできないものか。
③　教材研究・教科教育法は，小学校及び中学校・高校の教員養成科目としての機能を果たすためにも，小学校及び中学校・高校という校種の違いを前提としてそこにおける教科教育実践（授業）のあり方・方法について教える科目とする。そしてそのためにも，教科専門担当者と，教科教育担当者との共同運営による科目としてみたらどうであろうか。このような方式はかつての「兼担方式」を復活させるかのようであるが，それと決定的に異なるのは教科教育担当者がそこにおいて中心的役割を果たすことである。
④　上記の③のような「教科研究」「教科教育法」の担当方式は，「教員養成学部」の教員構成の特性（一学部・一コースの中に教科専門担当者と教科教育担当者がいること）をカリキュラムに生かすことにもならないか，そしてそのことによって，いわゆる「専門」学部と区別される「教員養成学部」の社会的責任とでもいえることが果たせるのではなかろうか。

(3) 福島大学教育学部における「社会科教材研究」と「社会科教育学」の実践

この実践報告は「社会科教材研究」と「社会科教育学」の実践報告であるが，前者は上述の教科専門担当者と，教科教育担当者の共同運営の科目の実践であり，そして後者は上述の狭義の教科教育学（いわば教育学の一環としての教科教育学）科目の実践である。

① 福島大学教育学部カリキュラムの特徴

一般的に「教員養成学部」のカリキュラムは，基本的にはいずれかの教員免許状を取得することを卒業要件としており，したがってカリキュラムも教員免許の学校種別ごとに区別されている。

したがって「教員養成学部」としての福島大学教育学部カリキュラムも小学校課程，中学校課程，幼稚園課程，養護学校課程，特別教科（高校）課程（保健体育科のみ）と区別されているが，ここの特徴は小学校課程が系に分けられていることであり，その小学校課程系別専攻カリキュラムを教育学部全体の基底

にすえて，その内容的充実を自覚的に推し進めていることである。
　すなわち小学校課程を教科系（全体の共通基礎でもある），言語系，社会系，自然系，生活系，表現系，身体・健康系に区別し，それぞれの系と他課程・教科とが関連づけられている。たとえば小学校課程社会系と中学校課程社会科・養護学校課程中学校社会科・幼稚園課程領域社会とが関連づけられるというように。
　福島大学教育学部の教育学・教科教育学の位置について述べると，教育系の中には教育関係科目が位置づけられ，その他の教科教育関係の系にそれぞれの教科教育学が位置づくことになる（言語系—国語・英語，社会科系—社会科，自然系—理科・数学，生活系—家庭科・技術科，表現系—美術・音楽，身体・健康系—保健体育）。
　その中の「社会系」と「社会科」のカリキュラムは，一方が小学校教員養成課程，他方が中学校教員養成課程であるのでそれに応じた内容構成・科目名が配されているが，次のような共通部分もある。
　1年次前期「社会科学入門」
　　　　　後期「社会科教育学入門」
　2年次通年「地域社会の総合研究」
　3年次通年「社会科教材研究A」
　　　　　後期「社会科教育学基礎演習」（卒論用）
　4年次通年「社会科教育学演習」（卒論用）
　この共通部分で注目すべきことは，1，2年次に社会諸科学の総合科目ともいうべき「社会科学入門」や「地域社会の総合研究」があることであり，さらに3年次に教科専門担当者と教科教育担当者の共同運営による「社会科教材研究A」もある。
　次に，上記の「社会科教材研究A」（「地域社会の総合研究」とセット）と「社会科教育学入門」「社会科教育学基礎演習」「社会科教育学演習」の実践について報告する。
　② 「社会科教材研究A」の実践
　福島大学教育学部には「社会科教材研究」は5コマ（A〜E）開講されている

が，その「A」は社会系の学生のみの授業（中学校社会科学生にも開放の予定）であり，他の「B～E」は他系・他課程の学生が一定の人数制限がなされて混合して受講している。

「A」は2年次科目の「地域社会の総合研究」とセットになっている科目であり，その調査研究の成果を踏まえて「地域の教材化―模擬授業演習」を行う。このセットであるため2年次科目の担当者が3年次科目の担当者にもなるということである。たとえば1986（昭和61）年度の「地域社会の総合研究」と1987（昭和62）年度の「社会科教材研究A」の内容は次の通りである。

「地域社会の総合研究」（2年次通年）
　　○担当者――①小林清治（日本史）②渡辺四郎（人文地理）
　　　　　　　③村上健（法律学）
　　○内容――福島市松川町の総合研究（3教官の指導の下に『調査報告書』が作成される。）

「社会科教材研究A」（3年次通年）
　　○担当者――①永山昭三（社会科教育学）②臼井嘉一（社会科教育学）
　　　　　　　③小林（上記①）④渡辺（上記②）⑤村上（上記③）
　　○内容――
　　　〈前期〉小学校社会科論講義
　　　〈後期〉10月8日　後期授業計画の説明
　　　　　10月15日　模擬授業の実際について
　　　　　10月22日　「教材化・授業案づくりの基本」の講義及び班編成
　　　　　10月22日～11月26日　各班ごとの作業と班内模擬授業の検討
　　　　　12月3日～翌年1月28日　模擬授業の発表
　　　　　2月4日　感想とまとめ及び評価
　（各班の授業テーマ）
　　　1　学校の周りのようす（松川町の地形と土地利用）
　　　2　健康で豊かな生活（ごみ集めの工夫）
　　　3　変わってきた市（バイパスの機能と私たちの生活）

4　昔の様子を伝えるもの（めがね橋）
　　5　人びとのくらしと店のはたらき（本町商店街）
　以上の「社会科教材研究A」の最大の特徴は〈後期〉に「模擬授業」実習を位置づけていることにあるが，さらにその実習の担当方式が5名の教官の同時担当であることもあげられる。そしてその5名の中では社会科教育学担当の2名が中心的役割を果たして〈後期〉の実習のすすめ方について指導する。
　以上で列挙したように〈後期〉のすすめ方は社会科教育学担当の2名のオリエンテーションに基づいて学生を5つの班に分け，各班ごとの担当教官を決定して，その担当教官のアドバイスのもとに「各班ごとの作業と班内模擬授業の検討」（10月22日～11月26日）がすすめられる。
　そしてその後に全体会で各班ごとに5つの「模擬授業の発表」（12月3日～翌年1月28日）がすすめられるが，その発表会は発表班の責任の下に行われ，学生同士の検討とともに，各教官の感想や意見も出されることになる。各教官の感想や意見は，教官自体の専門に基づく個性あるものとなっている。
　なお〈後期〉の評価については，各班ごとに自分自身と班の他人のものとを5段階で評価させ，それらの評価を素材として各班の担当教官が個々の評価を定めることになる。そして〈前期〉と〈後期〉を総合して社会科教育学担当教官が「社会科教材研究A」の評価をしている。
③　「社会科教育学」の実践
　福島大学教育学部の「社会科教育学」科目の内容は次のようになっている。
「社会科教育学入門」（1年次後期）
　　①　「社会科学入門」（前期）を承ける。
　　②　社会科教育の被教育体験を対象化する。
　　③　日本の社会科教育の歴史を概観する。
　　④　小・中・高の実践事例の紹介・検討
　　⑤　外国の〈社会科認識教科〉の実状の調査
「社会科教育学基礎演習」（3年次後期）
　　①　3年次後期の「卒論ゼミ」

②　社会科教育学研究の基本的文献の購読
　　③　各人の問題意識の交流と課題意識・研究方法の相互検討
「社会科教育学演習」（4年次通年）
　　①　4年次通年の「卒論ゼミ」
　　②　外国「社会科教育」の基礎的文献の購読
　　③　社会科授業の見学旅行
　　④　「合宿」「報告会」などで卒論研究の相互検討。
　以上の「社会科教育学」科目は，「教材研究」「教科教育法」と区別して，いわば教科教育の基礎理論（発達段階論を含む）とでもいえるものをその内容としているがそれらの科目の担当者のちがい，その開講年度のちがいによってその内容の重点のおき方が異なることもある。

(4) 福島大学教育学部の実践の意義と課題

　戦後の教員養成は，各大学の特性を踏まえた多様な実践によって進められているが，その特性及び多様性をつらぬく基本原理と個々の貴重な教訓については必ずしも整理され理論化されているとはいえない。
　福島大学教育学部の実践は，このような整理・理論化をしていくうえで「教員養成」学部という，他の「専門」学部と区別されるところでの一つの個性あるものとして意味を持っているように思われる。
　この実践の意義は「教員養成」学部という教員構成の特性を生かして，いわゆる「専門諸科学」の担当者と，「教科教育関係科目」の担当者との共同運営の科目を創り出していることにあり，あわせて即成の「専門」学部では必ずしも十分になされていない「教育学の一環としての教科教育学」の研究と教育を進めていることにある。
　課題として指摘すべきことは多々あるが，一つだけあげると「模擬授業」実習を単に「教材研究」の実践として位置づけないで，教師教育における教育実習体系の中でいかに位置づけるかということがあろう。

補論2　狭義と広義の〈教科教育学〉教育研究体制
　　　　——「社会科」を例として

(1) 社会科教師教育の基本問題と教科教育学の位置

　一般的に「教員養成」学部における〈教科教育(学)〉と呼ばれる授業科目は，小学校課程では「教材研究」，中学校課程では「教科教育法」を指していることは周知の通りである。この「教材研究」「教科教育法」の充実が「教員養成」学部において求められているわけであるが，その充実の方法をめぐっていくつかの意見がありうる。

　小論においては，福島大学教育学部の小学校課程「社会系」・中学校課程「社会科」の実践を報告しながら，「教員養成学部」における「教材研究」「教科教育法」充実の一方法を提示するものであるが，この方法は，別の角度からみると，「教員養成学部」における教科教育学の位置と内容についても提示するものとなる。

　ところで，「教員養成学部」の教科教育学は，一般的には1966 (昭和41) 年の大学・学部の名称変更を契機として，新しく登場してきたものであるがそれは「教材研究」「教科教育法」の授業担当方式の転換に伴うものである。すなわち従来のいわゆる教科専門担当者の受け持つ方式 (兼担方式) からいわゆる教科教育担当者の受け持つ方式 (専任方式) への転換であるが，その際に大学によっては「教材研究」「教科教育法」という授業科目名を〈教科教育学〉(たとえば社会科教育学) へと変更したところもあり，そのことによって「教員養成学部」において教科教育学が登場してきた。

　筆者はこの新しい動きに共感しながらも，そこにも問題があることを指摘せざるをえない。それは筆者の大学のみならず，すべての「教員養成学部」にも存在している問題である。その問題を列挙すると次の通りである。

① 「教材研究」「教科教育法」は，はたして教科教育学と同一視してもいいのであろうか。また「教材研究」「教科教育法」という教員免許法科目は，いわゆる教科教育担当者のみの専任方式でよいのであろうか。

② 筆者の理解では教科教育学とは教科教育に関する教育学であり，教育学的方法論を踏まえた専門科学であるが，そのような専門科学と「教材研究」「教科教育法」とは区別すべきではなかろうか。つまり小学校教員養成科目の「教材研究」，中・高教科教員養成科目の「教科教育法」に対して教科教育学は必ずしも校種を前提としないで，むしろ共通性を前提とし，教員養成科目の基礎理論（発達段階論も含む）とでもいえるものを，その内容とすべきではなかろうか。そしてそのような教科教育学は「教員養成学部」だからこそ必要なのではあるまいか。

③ 「教材研究」「教科教育法」は，小及び中・高の教員養成科目としての機能を果たすためにも，いわば教科教育学の専任担当者と，いわゆる教科専門の専任担当者との共同運営方式の授業として考えられないものであろうか。ただし，その際に中心的役割を果たすべきなのは教科教育学専任の担当者であろう。

④ 「教員養成学部」における教科教育学には，狭義と広義のそれがあり，狭義には「教科教育に関する教育学」としての教科教育学，広義には「教材研究」「教科教育法」における，いわば教科教育学担当者と教科専門担当者の共同運営方式にみられるようなものとしての教科教育学という捉え方もありうるが，このような捉え方によって「教員養成」学部の教員構成の特性をカリキュラムに生かすことはできないだろうか。

⑤ 「教員養成学部」のいわゆる教科専門担当者の教科専門科目の内容は，はたして「ミニ文学部的」「ミニ……的」内容にとどまるだけでよいのであろうか。つまり教員免許法で示された分化された学科目（社会科では歴史・地理・法政・社経・倫哲）のみの内容にとどまらない新たな総合科目の導入による，「教員養成」学部の新たな教科専門科目の創造・従来の社会科学諸科目の位置づけ直しなど必要ではなかろうか。そのことは小学校教科専門科目（小専）の総合科目化への一契機にもなるであろう。

(2) 福島大学教育学部「社会系」「社会科」のカリキュラム

福島大学教育学部の,いわば社会科教師教育カリキュラムは,小学校課程においては「社会系」カリキュラム(小学校課程の学生は六つの系－教育系,言語系,社会系,自然系,生活系,表現系に分けられる),中学校課程においては「社会科」カリキュラムとして編成されている。

小学校課程の「社会系」カリキュラムの全体像は〈表1〉,中学校課程の「社会科」カリキュラムの全体像は〈表2〉の通りである。

〈表1〉と〈表2〉つまり〈社会系〉と〈社会科〉のカリキュラムの共通点は,それぞれの基礎科目として,社会科学入門・社会科教育学入門・地域社会の総合研究を位置づけ,それらを踏まえて社会科学教材研究もしくは社会科教育法及び歴史・地理・公民の社会科学諸科目を履習し,しかるのちに演習科目を3

表1 小学校課程「社会系」カリキュラムの全体像

系基礎	社会科学入門(1年次)	2単位(必)
	社会科教育学入門(1年次)	1単位(必)
社会科教材研究小専	地域社会の総合研究(2年次)	2単位(必)
	社会科教材研究(3年次)	2単位(必)
系専門	歴史 日本史(2～4年次) / 外国史(2～4年次)	2単位(選択必)
	地理 地理・地誌学(2～4年次)	2単位(選択必)
	公民 法律学(2～4年次) / 政治学(2～4年次) / 経済学(2～4年次) / 社会学(2～4年次) / 倫理学(2～4年次) / 哲学(2～4年次)	2単位(選択必)
系演習	社会系基礎演習(3年次)	1単位(選択必)
	社会系演習(4年次)	2単位(選択必)

表2　中学校課程「社会科」カリキュラムの全体像

社会基礎科	社会科学入門（1年次）		2単位（必）
	社会科教育学入門（1年次）		1単位（必）
	地域社会の総合研究（2年次）		2単位（必）
社会科教育法	社会科教育法（3年次）		3単位（必）
社会科専門	歴史学	日本史・東洋史・西洋史（2～4年次）	6単位（選択必）
	地理学	自然地理・人文地理・地誌（2～4年次）	6単位（選択必）
	法律学	（2～4年次）	2単位（選択必）
	政治学	（2～4年次）	
	社会学	（2～4年次）	2単位（選択必）
	経済学	（2～4年次）	
	倫理学	（2～4年次）	4単位（選択必）
	哲　学	（2～4年次）	
			20単位（選択必）
社会科演習	社会科基礎演習（3年次）		1単位（選択必）
	社会科演習（4年次）		2単位（選択必）

年次と4年次に履修して卒業論文を執筆するという点である。

　また両者は，それぞれ小学校教員養成，中・高校教員養成という異なる課程のカリキュラムとしての相異点として一方では社会科小専・教材研究，他方では社会科教育法を必修とし，なおかつ系専門と社会科専門の必修科目単位数のちがいを持ちながらも，新しい試みとして共通の総合科目（社会科学入門・地域社会の総合研究）及び社会科教育学入門の1年次必修化，3・4年次における選択必修科目としての社会科教育学基礎演習・社会科教育学演習の設置がなされている。

(3) 「社会系」「社会科」カリキュラムと社会科教育学

　上述の〈表1〉〈表2〉の説明の中でも述べた通り，福島大学教育学部においては，社会科教育学は，1年次の社会科教育学入門（共通必修）と3年次の社会科教育学基礎演習（選択必修）・4年次の社会科教育学演習（選択必修）として設置されており，その科目担当者は社会科教育学の専任者となっている。すなわち「社会系」「社会科」の全学生は，1年次に社会科教育学入門を履修し，なおかつ「社会系」は社会科教材研究・「社会科」は社会科教育法を3年次に履修し，しかるのちに3年次・4年次で卒論として社会科教育学を選択した学生が社会科教育学基礎演習・社会科教育学演習を履修する。

　1987（昭和62）年度の社会科教育学及び社会科教材研究・社会科教育法の担当者は次の通りである（カッコ内は担当者の専門分野）。

　社会科教育学入門－臼井（社会科教育学），社会科教育学基礎練習－臼井（同上），社会科教育学演習Ⅰ－永山（社会科教育学），社会科教育学演習Ⅱ－臼井（同上）

　社会科教材研究A（社会系対象）－永山（同上），臼井（同上），小林（歴史学），渡辺（地理学），村上（法律学）

　社会科教育法－臼井（同上），伊藤（昌）（歴史学），大澤（地理学），伊藤（宏）（政治学）

　以上の担当者一覧からもうかがえるように，狭義の社会科教育学は社会科教育学専任の担当，社会科教材研究・社会科教育法は社会科教育学専任と社会諸科学専門者との共同運営方式となっている。後者の共同運営方式の中から「教員養成」学部の，広義の社会科教育学が創造されつつある。

補論3　日中米「教員養成」比較研究の視点

(1) 日中米教員養成制度の要点

　戦後日本の教員養成制度は1949年に成立し，教育職員免許法という法律のもとに運営されてきている。この戦後の教員養成制度は2大原則のもとに運営されているが，それは第1に小学校・中学校・高等学校及び幼稚園・養護学校のいずれの教員も「大学において養成する」という原則であり，第2に教育職員免許法に基づく教職課程の認定がなされればいかなる大学においても教員を養成することができるという「開放制」教員養成の原則である。

　この日本の教員養成制度も戦後50年において，いくつかの改正がなされ，今日においては1988年に成立した教育職員免許法改正案に基づいて運営されている。すなわち「学歴別三段階免許制度」(二種－短期大学，一種－大学，専修－大学院修士) が導入され，そして新採用の教師全員に対する「初任者研修制度」も導入された。

　さて中国の教員養成制度は，1993年10月に公布され95年1月1日から実施された教師法に基づいて運営されている。

　この教師法は9章43条からなっており，前文約4000字数が費やされ，教師の権利と義務，資格，任用，養成，研修，評定，待遇など，さまざまな規定が盛り込まれている。この法律の制定は「教育発展史の新しいページを開く」と見做され，従来の「画一的」「固定的」「国家教育計画一辺倒」から「市場原理」や「能力主義」に基づく「競争」を導入し「多様性」「効率性」「柔軟性」「開放性」などを追求するものと要約されている。

　なお中国では，教員養成は依然として師範教育体制を維持し，幼稚園教師は「幼児師範学校」，小学校教師は「中等師範学校」，中学校教師は「高等師範専科学校，その他の大学の専科」，高等学校教師は「師範大学・師範学院の本科，

その他の大学の本科」でそれぞれ行われ，大学教師も「大学院または大学本科」の卒業とされている。

さて，アメリカの教員養成制度は既に1920年代から，例外を除いて師範学校制度から4年制単科大学もしくは州立総合大学による教員養成へと変革され，いわゆる「大学における教員養成」の原則が形成されつつあった。

そして，第二次世界大戦後にはその制度を踏まえつつも，さらにその養成を「教養学部」もしくは「学芸学部」における，いわば一般教養教育を通して行われることが重視されるようになり今日に至っている。

また，以上のような一般教養教育と共に，教科内容に関する専門的知識及び教育方法・心理学を含む教職専門教育さらに教育実習というような，いわば専門教養教育も位置づけられた。

まさに教員養成カリキュラムにおける3層（一般・教科専門・教職専門）もしくは4層構造（一般・教科専門・教職専門・教育実習）が戦前教員養成教育の経験を踏まえて確立したといえる。

今日のアメリカの教員養成教育は，以上の4層構造を踏まえてその内容をいかに充実して教師志望の学生の資質の向上に資するかを大きな課題としているが，同時にそのことにとどまらないで卒業後の現職教師の資質の向上にいかに関わるかについても大きな努力を払い，まさに教師教育全体の充実への実践を積み重ねている。

以上において日本・中国・アメリカの教員養成制度の要点についておおまかに整理してみたが，筆者の所属していた福島大学教育学部は，中国とは5年間の研究交流（1992~96年）（1990.12.11，福島大学・北京師範大学交流協定），アメリカと5年間の研究交流（1995~96年，1999~2001年）（1992.12.8，福島大学・ウィスコンシン大学オークレア校交流協定）というようにそれぞれの研究交流を深めてきた。

とりわけ1995・96年の2カ年間は福島大学が仲介となって，日中米3カ国の教師教育のそれぞれの現状と課題について交流してきた。

小論は，この研究交流の中で調査を踏まえて発言されたことを整理し，今後の更なる交流の発展にとって必要と思う諸点をいくつか述べようとするもので

ある。

(2) 日中米教師教育の特質をどう捉えるか

日中米3カ国の教員養成を概観してみるとまず3カ国それぞれの特質は次のように捉えることができる。

① 中国の教員養成の特質

まず中国の教員養成の特質を捉える場合，中国が置かれている歴史的位置，つまり「基準に達している教師が大幅に不足している」問題状況から出発しなければならない。1994年の統計によれば学歴が基準に達しているのは小学校は86.6％，初級中学校69.1％，高級中学校55.4％に過ぎず，現在でも181.7万のいわば「無免許」教師である民弁教師（小学校教師の32.4％）が存在する。

そして大学卒業程度の小中学校教師でも市場経済と人材の流動化という大きな環境変化の中で転職するケースも多々あり，1981年から89年までに採用した青年教師のうち27％がすでに転職し，国外に出た者を除けば48％が企業に就職しているという。

このような問題状況の中で，中国での教員養成は，いかに質の高い教師を数多く安定的に確保するのかというところに焦点が当てられている点をその特質としておさえてみたい。

② アメリカの教員養成の特質

アメリカの教員養成は今日，大学における教員養成を原則として進めつつ，その内容的充実を図りつつある。その内容的充実を図る上で大きな役割を果たしているのがNCATE（National Council for Accreditation of Teacher Education，全米教師教育資格認定協議会）による養成教育のカリキュラム基準である。

このNCATEは10の組織から構成されているが，主にAACTE（American Association of Colleges for Teacher Education，アメリカ教師教育カレッジ協会）とNEA（National Education Association，全米教育協会）を中心に運営されている。ここで中心的課題とされていることは学部レベルの基礎的なプログラムと大学院レベルの上級プログラムのそれぞれの充実であるが，その際に各州での現実

の教員養成カリキュラムは今日の教育的諸課題に応える教師教育の課題（他民族文化教育，教科専門教育，人文科学・行動科学研究，実験的・臨床的経験を伴う教授学習理論，教育実習など）に沿って作成されるので，NCATE の基準がそれに対応していないことが問題となっている。まさにアメリカにおける教員養成の特質はそのカリキュラムそのものの構造的内容的充実が必要とされているところにあり，そしてその充実への基本的観点となっているのは「アメリカの今日的教育課題に応える教員養成をいかに実現するか」という点と，「以上の教員養成を実現させるためにも，いかに大学と小・中・高校の教育関係者が協力・共同するのか」という点である。

そしてそのためにも単に学部レベルにとどまらない大学院レベル（修士・博士レベル）の内容まで必要になっている。

③ **日本の教員養成の特質**

日本の教員養成は「大学における教員養成」としてほぼ50年の歴史と実績を積み重ね，大学における養成それ自体を否定することはできないような状況となっている。問題はその養成の内容的充実をいかに図るのかという点にあり，同時に学部段階にとどまらない大学院段階での養成及び現職教育をいかに充実させていくのかという点にも広がっている。

全国レベルの国立大学教員養成系大学院の修士課程の設置完成を受けて，1996年4月より連合博士課程大学院の設置が始まった。その大学院とは一つは東京学芸大学を基幹とする博士課程大学院（横浜国立大学・千葉大学・埼玉大学との連合）であり，他の一つは兵庫教育大学を基幹とする博士課程大学院（上越教育大学・鳴門教育大学・岡山大学）である。今後少なくともブロック単位別に同様の大学院設置が進行する可能性があることを考えれば，以上の動きも日本の教員養成の質的充実への一つの象徴的出来事のように思える。さてこのような状況の中で，日本において教員養成の内容的充実の基準に関わる審議がある。それは文部省の教職員養成審議会での審議・検討である。

この審議・検討は1996年7月29日の文部大臣からの諮問を受けてのものであるが，その諮問の項目を要約すると以下の通りである。

① 教員養成課程のカリキュラムについて
　1）教育相談（カウンセリングを含む），国際化・情報化，理科教育，環境教育，特殊教育等のあり方
　2）教育実習の期間，内容等のあり方について
　3）教科に関する科目・教職に関する科目のバランスのあり方について
　4）体験的実習等効果的な教育方法の導入について
② 教員養成における大学院修士課程の積極的活用の検討
③ その他関連する事項
　1）教員養成段階と採用・研修段階との連携について
　2）教員養成に携わる大学教員の指導力向上について
　3）小・中・高校の授業充実のための特別非常勤講師制度の導入・拡充について

以上の審議・検討の中に日本の教員養成の今日的問題が端的に表現されている。

　以上の日中米3カ国の教員養成の特質の概観からもうかがえるように，それぞれの国の歴史的文化的事情及び社会的経済的事情を反映して教員養成の特質もそれぞれ異なる内容によって構成されており，それゆえに安易な比較研究は控えなければならないであろう。
　しかし，にもかかわらず日本と中国では歴史的文化的事情において重なる部分があり，また日本とアメリカでは社会的経済的事情及び今日の教員養成制度において重なる部分が多々あり，したがって日本を媒介とする日中米教師教育の比較研究も一定の意義があるように思える。以下においてその比較研究をする上での視点に関する問題提起をしてみたい。

(3) 日中米教師教育の比較研究の視点
① 教師教育の管理運営体制
　先に述べたように日本の教員養成は戦後においてはアメリカの影響も受けな

がら大学における教員養成を進めてきたわけであるが，その際に中央の文部省において「教育職員免許法」基準に基づく「教職課程」認定を行い，その認定を受けた大学のみが教員養成を行えるものとした。

そしてその認定を受けた大学で「教職課程」の単位を修得したものに対してその当該大学の存在する都道府県の教育委員会が「教育職員免許状」を交付し，その免許状によって当該学生は日本全国の希望の学校，たとえば公立学校ならばその教育委員会の実施する「教員採用試験」，私立学校ならばその学校の実施する「教員採用試験」に受験して合格すれば教師になることができるという制度になっている。

以上のように日本における教師教育の管理運営体制は「教員養成」では文部省が大きな役割を果たし，「採用」「現職教育」では都道府県教育委員会が大きな役割を果たすようになっている。

それと比較して中国とアメリカではどのような管理運営体制となっているのであろうか。

中国では，その教師教育の基準である法律・規則は中央が制定するのであるが，「教員養成」では国家教育委員会はいくつかの師範大学を管理運営するのみで，大部分の師範学院は省－地方－市・県の管理のもとに運営されている。

またアメリカでは，その教師教育の基準である法律や規則，政策は各州が制定し，連邦政府は一般的に直接の介入をしないでマクロ的な管理を行っているに過ぎない。

ただし各州の管理運営に対して一定の役割を果たしているのが全国レベルの教育関係学会や教員組合などの論議やそれに基づく勧告文書・レポートなどであり，それらに影響されながら教師教育がなされているといえる。

以上において整理した教師教育の管理運営体制という研究視点は教師教育の歴史的性格をおさえる上で有効な視点のように思える。まさに教師教育がどのような社会においてどのように進められているのかという点が鮮明となるからである。

この管理運営体制をとらえる上でのキーワードとなるものは，〈中央政府－

地方政府の関係〉でありそして〈中央政府も地方政府も依拠している教師教育の教育的基準・原則〉である。

② 教員養成方法の３類型

この教員養成方法の類型設定の基礎にある方法的基準には「いわゆる師範型か否か」という点が据えられている。この方法的基準を別の表現にすれば，指定された「教育機関」を卒業しないと教師になれないシステムであると同時に原則として教師になることが保障されているシステムもしくは教師になることが義務とされているシステムであるかどうか，という基準である。

このような方法的基準を踏まえて３カ国の教員養成方法を類型化すると以下の通りとなる。

① 師範型——原則として教師になることが義務とされるシステム
② 開放型——原則として教師になることが義務とされないシステム
③ 開放一部計画型——原則として教師になることが義務とされないが一部の教育機関においては卒業要件に教員免許必修として部分的に教師の計画養成を導入するシステム

すなわち①の師範型は中国の類型であるが先に述べたように小・中・高校の教師は特定の教育機関において計画的に養成され卒業生は義務的に教師となるものとされている。ただしそのような教師でも就職後まもなく転職する例が少なからず出ているという。

まさにこのような類型においては教師としての生活を安定させ保障することが必須の条件となっている。

次の②の開放型はアメリカの類型であるが，ここでは原則としては教師になることが義務とされないものであるがゆえに，もしこの職業が他の職種と比較してかなり低い待遇であるとすればかなりの高い確率で教師不足が招来することになり，したがって州や市の教育行政機関においては教師待遇の維持・向上が重要な課題となる。

そして③の開放一部計画型は日本の類型であり，ここでは原則として教師になることが義務とされないが，例外として全国の各都道府県内設置の国立大学

教員養成学部のみ卒業要件を教員免許取得可能な単位修得においている。

ところで日本における開放一部計画型の一翼を担う国立の教員養成学部では1987年頃からその計画型を弾力化して，教員免許を卒業要件としない「課程」（ゼロ免課程と呼ばれる課程）が設置されるようになり今日に至っているが，さらに1996年より，今までの学校種別教員養成課程（小学校教員養成課程・中学校教員養成課程など）を廃止して統合型教員養成課程（小・中などの課程を統合して学校教育教員養成課程などと称する）を設置するに至っている。

まさに日本における少子化傾向に伴う教員需要減に対応する措置といえる。

以上において整理した教員養成方法の類型という研究視点は教員養成を通してどのような教師を養成したいかという，いわば養成すべき教師像を検討する上で有効な視点を提供している。

ただしこのような養成すべき教師像とともに，そのような教員養成を実現しうる社会経済的条件及び子どもの人口増・人口減に照応する教員需要の程度にも密接に関連するので，それらの点をも視野において検討する必要がある。

ところで今日日本においては国立の教員養成学部や国立・私立の教職課程設置の大学において，開放型の教員養成下における教員養成の質的充実をいかに図るかという課題を自らの実践的・研究的課題として捉えつつあるようにみえる。このような動きは，その質的充実を口実として安易に師範型に移行させる方法を取らないものとして注目すべきことである。

その点ではアメリカにおいても開放型の下で全国規模で教師の資質の向上を図るために検討及び実践が進行しつつあることも同様の動きとして注目すべきであろう。

③ **教員養成教育課程の構造**

教員養成教育の内容を吟味・検討する上で重要な研究視点となるのが教育課程の構造という視点である。

その構造は3カ国においては次の三つの部門から捉えることも可能であり，その第1は一般教養教育，第2は専門教養教育，第3は教育理論と実習（教職教養教育）である。

表3 3部門の科目割合

〈小学校〉

	一般教養	専門教養	教職教養
日　本	33.6%	32.8%	33.6%
中　国	約72%		28%
アメリカ	34.9%	20.6%	44.5%

〈中学校〉

	一般教養	専門教養	教職教養
日　本	33.6%	47.6%	18.8%
中　国	約90〜92%		8〜10%
アメリカ	29.9%	41.7%	28.5%

　この3部門の科目割合をイメージ豊かに捉えるために表にすれば表3の通りとなる。

　以上の3部門の科目割合からもうかがえるように，小学校においては日本とアメリカの構造はやや似通っているが，中国の構造は教職教養の割合がかなり低い。ただし，教職教養の割合という点で日米を子細に検討すると，アメリカの方が教職教養の割合がやや高い。

　また中国の構造においては，この小学校においても次の中学校においても，一般教養はいわゆる専門教養とは明確には区別されていないこともうかがえる。

　また中学校においては，日本と中国の構造はやや似通っているが，アメリカの構造は中学校においても小学校と同様に教職教養の割合が高くなっている。ただしこのアメリカの中学校における教職教養の割合は小学校のそれと比べれば低い。

　また教職教養の割合という点で日中を子細に検討すると，日本の教職教養の方が高い。

　以上において述べたような教員養成課程の構造という研究視点は，今後教員養成の質的充実を図っていく上でも必要不可欠な視点であるが，ここでこの構造を構成している3部門に関する論点について補足しておきたい。

第1に「一般教養」はなにゆえ教員養成において必要かという論点と，その内容をどう構成するのかという論点である。
　とりわけアメリカの教員養成においてこの論点は必要不可欠のものであったが，しかしその際にいわゆる専門教養（アカデミックな教養）となにゆえ区別されるのかという論点も重要である。
　第2に「専門教養」をどう捉えるのかという論点と，その専門教養はいわゆる教職教養とどう区別されるのかという論点である。
　日本のかなりの国立教員養成学部で，この専門教養を，しばしば教科専門と教職専門というように区分する習慣があるが，しかしこのような習慣は必ずしも妥当なこととはいえない。なぜならば文字通りのアカデミックな専門教養とは「教科専門」「教職専門」というような免許取得科目に還元されるものではないからである。まさに免許取得科目とは相対的独自な位置を占める専門科目がその専門教養であり，それらは講義・演習や学生自身の自主的学習・研究活動及び卒業研究（卒論）によって構成されるものだからである。
　したがって「専門教養」はたとえ免許科目に読み替えうるとしても，この科目と「教職教養」とは区別することが望ましい。この点はいわゆる一般学部においてはごく当然のことではあるが。
　また以上のような捉え方を踏まえれば，「教職科目」と区別される「教育学・心理学等」科目も存在するのであり，だからこそいわゆる専門科目としての「教育学・心理学等」を学習・研究する意義があるといえる。
　④　教員免許制度と現職研修
　それでは教員免許制度と現職研修という研究視点について述べたいと思うが，この教員免許制度と現職研修という二つを関連させて捉える方法は必ずしも理解しえないことであろう。この点については後に補足的に触れてみたい。
　ここでの研究視点はまずもって教師免許制度という視点であるが，この視点を後に現職研修とも関連させて整理することにする。
　アメリカと日本は，ともに教員免許制度を実施している。アメリカにおいては州が認可した教員養成機関の卒業生に対し州が直接教員免許を発行し通常再

度資格審査をすることはない。ただし，それ以外の教育機関を卒業した学生が教員免許の取得を希望した場合は，州教育庁の担当部門の審査を受けることが必要である。審査内容は学歴と経歴，教育技能，試験の成績等である。現在各州とも小学校・中学校の教師に学士の学位を要求している。

　日本においては，教員免許の基礎資格は大学における所定の単位（教育職員免許法に定める単位）の修得によって取得できるが，そのことによって教員免許が取得できるわけではない。その基礎資格を取得した大学が存在する都道府県の教育委員会に申請することによって正式に教員免許が取得されるわけである。

　大学卒業によって取得できる教員免許の種類は「第一種免許状」（学部卒業程度）・「第二種免許状」（2年制短期大学卒業程度）となっているが，教師は原則として「第一種免許状」取得者となっているため，かりに「第二種免許状」で教員採用された場合一定の期間のうちに「第一種免許状」を所定の機関（教員養成大学・学部）で主催される研修を受けて所定の単位を修得しなければならない。

　なお日本においては，以上の都道府県からの教員免許取得のシステムと教師として採用されるシステムとは異なり，したがって各都道府県の教師に採用されるためには，教師志望の都道府県の主催する教員採用試験に受験し合格しなければならない。

　ところで中国においては日本やアメリカと異なり，学生は師範学院・大学の卒業証書を得ると同時に教員資格を得て教師に任命される。彼らは1年間の見習い期間の後に正式の教師となる。師範学院・大学以外の学校を卒業した学生はその学歴水準に応じて教員資格を得ることができる。

　3カ国の教員採用制度を比較すると，日本とアメリカでは教師志望者を採用する制度を採っているのに対し，中国では基本的に教育行政部門が一括して教師を配置しており，教師志望者の一人ひとりの選択権には限界があるようなシステムとなっている。

　最後に，以上の教員免許制度に加えて現職研修について触れておく。

　この現職研修とは言うまでもなく教員採用後の現職教師の研修のことであるが，この現職研修がなにゆえ教員免許制度と関わりをもつのであろうか。それ

を一言で言えば，教員免許は教員採用後においてもその効力が継続する場合とそうでない場合とがあり，その関係性に伴う問題があるからである。

すなわち丁度日本における自動車免許のようにこの免許が一定の期間にのみ効力がある，いわば「時限免許」である場合は，その免許の更新のために現職研修は必要不可欠な関わりを有することになるからである。

具体的にはアメリカでは，その「時限免許」のゆえに，5年ごとの現職研修が必要となり，そのために必要単位の修得に励んでいる。

そしてこのような現職研修は夏期休暇などを利用しての，教師の学歴水準の向上や学位の取得（修士号や博士号の取得）にまで結びついている。日本においてはいわゆる現職研修は直接教員免許の取得につながらないが（先に述べた「第二種」を「第一種」に更新することを除いて），その現職研修そのものは文部省・教育委員会主催か民間研究団体主催かどうかの種類は問わずとも，教師の資質向上に寄与していることはいうまでもない。

ただし現職教師の大学院修了時においては，「専修免許」取得もなされ教師にとっても重要な意義を有する。

中国においては「民弁教師」と呼ばれる「無免許」教師の一掃のために，いわば教員資格授与のための現職教育が今日においても国家的事業として進められている。そして教師の資質そのものの向上においても重要な役割を果たしている。

また中国では，1986年にすべての小・中・高校の教師を高級，一級，二級，三級の4等級に分け，現職教師の評価と等級付けが各地で実施されているが，併せて所定の学歴要件を満たしていない教師を対象とする能力検定試験制度も導入された。

補論4 福島大学教育学部と
　　　　ウィスコンシン大学オークレア校における目的養成

(1) 大学における教員養成教育の実質化と「目的養成」の視点

　筆者の所属した福島大学教育学部は今，国立大学「教員養成学部」の統合・再編の動向の中で，今後の方向を見定めるために毎日のように議論を重ねていた。この議論はこの大学全体の「自然科学系学部」の増設計画とも関わってさらに複雑な様相を呈しているが，その学部そのもののあり方をめぐってこのような議論を重ねたことは実は30年ほど前にもある。そしてその議論のなかから大きな「宝物」を見つけだしたことがある。その議論とは，文部省による「学芸学部」から「教育学部」への学部名称変更の時期のものであるが，ここではこの名称変更そのものには大きな危惧の念をもちながらも，同時に「目的養成」の視点を発見していく。そしてその「目的養成」の立場から次のような教員養成カリキュラム創造の課題を提起する。

　本学部におけるカリキュラム改革は，「学芸学部」時代から種々行われてきたが，全体として，文学部や理学部等の縮刷版を教育学部の各教科ごとにつくる発想に立つカリキュラムであり，いきおい，小学校課程のカリキュラムが中学校課程にいわば「従属」しがちで，その独自性が薄れていた。

　もっとも，このことは，師範学校から新制の教員養成系大学・学部への切り替え後，学術的水準の向上をめざすという課題実現のためには必要な経過点であったかも知れない。しかし，その後の段階について考えると，そのことがかえって教育学部としての独自の目的・性格への自覚を失わせ，「教育体系」（教育の科学化とその研究・教授）の視点からカリキュラムを追求していくことを，なおざりにさせた。そのため，小学校教員養成課程が，教育学部において，中学校等の課程の対等な一つの課程として位置づけられにくい結果を生んだので

ある。

　本学部はこのことを反省しつつ，むしろ「小学校課程のカリキュラムを基軸と考え，これを基点として中・高課程のカリキュラム改革に進まなくてはならない」という重要な方針を打ち出したのである。これは，教育学部において，小・中・高すべてにわたる基幹教員を養成するという方針とは異なる。またそれは，昭和46年の中央教育審議会（以下，中教審）答申における大学種別のうち，初等教育教員の養成を重点として考える点で目的専修型と関連を有するが，われわれの提案において「教育体系の視点から考えるということは，教育技術にとどまるのではなく……教育の科学化をめぐり新しい方法を模索する」ことを意味している。

　以上の引用からもうかがえるように，福島大学教育学部は1966（昭和41）年の学部名称変更時において，その名称変更への危惧・「計画養成」化に伴う教員免許必修（卒業要件に教員免許取得をセットすること）の固定化への危惧の念を持ちつつも，「教員養成学部」が「独自な目的・性格」を設定することの重要性にも気づくことになる。そして，必ずしも「計画養成」とは重ならない「目的養成」の論理を発見していくことになる。

　すなわち，その「計画養成」とは重ならない「目的養成」の論理とは「教員養成」の目的に沿って，教員免許基準に基づく教職課程認定にとどまらない，「教員養成学部」独自のカリキュラムを編成する，ということである。この論理は当然教員免許基準に沿うものであることはいうまでもないが，同時にこのカリキュラムはいわゆる「一般学部」におけるものとは異なり，まさに「教員養成学部」の独自性を有するものとなっている。

　ただし，文部科学省の立場は少なくとも現在においては，この「目的養成」の論理を，「計画養成」という教員免許必修化と重なってとらえるものとなっており，その点を明確に示しているのが2001（平成19）年11月22日の「今後の国立の教員養成系大学・学部の在り方について」（懇談会報告書）である。ここでの「教員養成学部としての独自の専門性の発揮」の項の「① 教科専門科目の在り方」（小学校教員養成の場合，中学校教員養成の場合），「② 教科教育法（学）

の在り方」,「③ 教職専門科目の在り方」の記述にとりわけその独自性論が展開されている。

そして同時に,その独自性論は「現在の一万人体制」という「計画養成」論がセットにされ,「開放制教員養成」の原則からみて必ずしもセットにする必要がない「目的養成」論と「計画養成」論が当然のごとくセットとされている。

なお,冒頭において指摘した福島大学教育学部が発見した「宝物」とは,いうまでもなく「計画養成」への一元化の動きのなかに含まれていた「目的養成」の視点のことであるが,「教員養成学部」としてそのカリキュラム開発を独自に今後展開するうえで,この「宝物」は大きな指針となっていくのである。

また福島大学にとって,この指針が大きな役割を果たしたと同時に,いわゆる「開放制教員養成」システムにおいてもかかる視点が重要な役割を果たすことを,福島大学の姉妹校でもあるウィスコンシン大学オークレア校の事例によって提示してみたい。

(2) 福島大学における教員養成教育の経験と特徴

「目的養成」の視点に立って教員養成カリキュラムを編成する場合,どのような配慮や留意が必要なのであろうか。1977（昭和52）年に「教育学部の将来計画を構想するにあたって——カリキュラム検討の趣旨と提案」という文章が教授会に提出・提案されるが,これは「目的養成」の視点に立って教員養成カリキュラムを編成する場合の配慮すべき点及び留意すべき点について提起しているものである。

ここではまず大学における教員養成教育の基本理念を次の3点にまとめている。

① 研究と教育の自由を確立し,研究と教育の統一を志向する大学において教員養成をおこなう（「大学における教員養成」の原則）

② 開放された,すなわち総合大学における研究と教育の共同（協同）体制にもとづく教員養成をおこなう（通称「開放制」,むしろ「共同性・総合性」の原則）

③　子どもの発達と学習を十分に充足するにふさわしい教員の養成をおこなう（国民の学習権充足の原則）

そして「以上の基本理念を踏まえた本学部としての教員養成観を，日常の研究・教育の具体的場面で築きあげていくことが必要である」と述べつつ，「基本理念にもとづく教育学部の研究・教育の内容と体制を考えることは，具体的にはカリキュラムの改善の問題に帰着する」とも述べて，次のような問題提起をしている。

「われわれが教員養成学部のカリキュラムを考えるとき，その考え方の根本にあったものは，既成の学問体系であった。そのことが，たとえば，小学校課程のカリキュラム・授業を考えるときも，ややもすれば中学・高校課程の視点から考えがちであるというような傾向となるようなことがあったのではなかろうか。」

そして「カリキュラム改訂についての基本提案」を次のように行う。

(1) 学問体系の視点から考えられてきた小・中・高校課程のカリキュラムを新しく教育体系の視点から再検討していく。教育体系の視点から考えるということは，皮相的な教育技術上の問題にとどまることではなく，各教科がそれぞれの領域・分野において，教育の科学の樹立をめざし，新しい方法を模索するということである。

(2) 改善にあたっては，小学校課程のカリキュラムを基軸と考え，これを基点として，中学・高校課程のカリキュラム改革に進まなくてはならないと考える。つまり本学部のカリキュラムの基軸におかれるべきものとしての小学校課程のカリキュラムを構想するというところから出発したい。

(3) 最初に全教科・全教官の共通理解にもとづく基本的な理念と方法を確立し，つぎの段階では，各教科がその実状・実態に即して，しかも中学・高校課程として「教科」や「科目」の枠にとらわれずにカリキュラムを構想し，最後の段階でこれを全体として統一的に編成するという手順をとりたい。

(4) 各教科の検討には，専門教育・教職教育・一般教育の三領域にわたり，

「基本理念」に照らしてその相互関係，構造化，融合統一の方法の検討ということになるのではなかろうか。

以上の提案は，小・中・高の各教員の「目的養成」の視点を踏まえて行われているが，とりわけ留意すべきことは，「教員養成学部」においては小学校教員養成を「基軸」におき，なおかつこれを「基点」として，まさに「教育養成学部」独自のカリキュラムを編成しようとしていることである。

福島大学教育学部の実践については，『21世紀の教師教育を考える』(福島大学教育学部編，八朔社，2001年）を参照していただきたいが，ここでの実践の特徴は，① 小学校教科専門（小専）の独自性を追求する立場から，その内容が編成され実践されていること（「小専」と「中学校教科専門」の内容上の区別），② 教科専門担当者と教科教育担当者の協力・共同の実践が進められていること，③ 教育実習を視野に入れて学内の教材研究や模擬授業が取り入れられていること，などである。

(3) ウィスコンシン大学オークレア校における教員養成教育の特徴

ウィスコンシン大学オークレア校はウィスコンシン州北部の3カレッジ（文理芸術，専門職養成，経営）で構成され，「専門職養成」カレッジには3スクール（教育，社会福祉，看護）が設置されている。本大学と福島大学との3年間の共同研究から学んだことを以下に整理する。

① 大学での教員免許は卒業要件とはなっていないが，教員免許を取得する場合は，教育スクールに所属して所定（教育スクール開講科目以外にも文理芸術カレッジ等で広く開講されている）科目を履修し，なおかつ教育実習（後に述べるように9＋9＝18週間の実習とそれに関連する特別科目・ゼミがある）を履修して免許を取得することになるが，この免許取得は日本ほど容易ではなく，免許取得による「教育スクール」の卒業は5年次以上になる学生が多いとのことである。

② 「教育スクール」には，「カリキュラムと教育」学科，「教育基礎」学科，「特別教育」学科によって編成され，いわゆる教職科目のみの編成（「教科

教育法」含む）となっている。したがって，日本でいう教科専門科目（小学校教科専門科目も含む！）が，いわゆる一般学部（「文理芸術カレッジ」）で開講されており，この点は注目すべき点である。
③　教育実習の体系は，以下の通りである。
　＊「教育スクール」進学の前の半期の「小中学校探索」という教育実習入門（一日2時間，一週間4日，計8週間教室で学ぶ）。教員養成課程のブロック教育実習履修に向けての学生たちをふるいわける。
　＊「ブロック教育実習」。作文などの言語技術，読書指導，数学，理科，社会科の教育法と学級経営の授業履修。そして半期で大学の授業4週間・小学校教室で終日実習を4週間行い，学生2名に「協力教員」1名担当。
　＊半期の専門教育実習。終日を週5日で18週間。二つの学校で実習。またこの期間に実習研究会を大学で4回開く。
④　「協力教員」は単に実習校に所属する教員というのではなく，教育系大学院で所定科目を3単位履修し，一定の教職経験等を有する教員に限られ，大学教員によって選ばれる。
⑤　就職率は常に9割以上となっている（州ごとの基準による免許取得による）。
　以上に整理したように，オークレア校のいわば「開放性教員養成」のなかで，「目的養成」が実施されていることに注目したい。

(4) 大学における教員養成教育の課題

　いわゆる「計画養成」か，「非計画養成」かは問わず，大学における教員養成教育の課題は，「目的養成」の視点を位置づけて，国民に対して責任がもてる教員養成教育をどれほど進めることができるかであろう。その内容はまさに個性的に創造すべきことであろうが，とりわけ「教員養成学部」においてはその教官構成の特性（教職科目・教科教育関係と教科専門関係の教官が同一学部に所属していること）を生かしてどれほど教育諸学問の成果を駆使したカリキュラムが開発できるかが課題となっているのではないか。

II 免許必修制と目的養成制の区別と〈免許選択目的養成制〉の成立
—— 福島大学改革と「教員養成学部」再編

　本章においては2001 (平成13) 年6月11日発表の「大学 (国立大学) の構造改革の方針」(文部科学省) 及び同年11月22日付け報告の「今後の国立の教員養成系大学・学部の在り方について」(国立の教員養成系大学・学部の在り方に関する懇談会報告書。この報告書を「在り方懇」報告または単に「報告」とする) に対して，福島大学教育学部 (教員養成学部) がどう対応し，いかなる改革を進めつつあるのかを，筆者自身の教員養成に関する問題意識と方法意識に即して報告する。

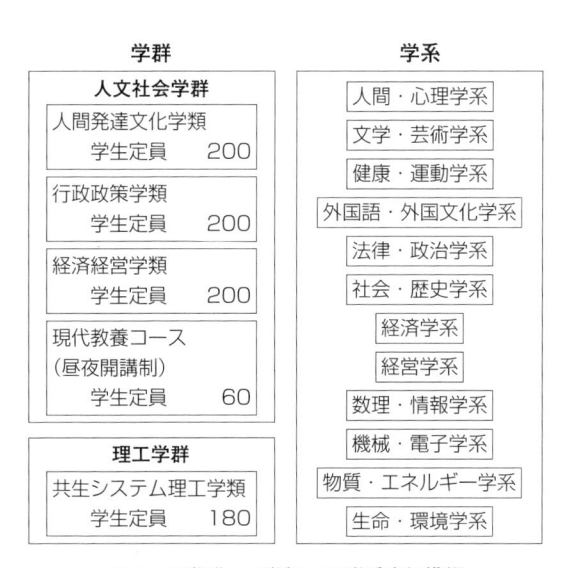

```
学群                            学系
┌─────────────────┐   ┌──────────────┐
│    人文社会学群      │   │   人間・心理学系    │
│ ┌─────────────┐ │   ├──────────────┤
│ │  人間発達文化学類   │ │   │   文学・芸術学系    │
│ │   学生定員  200 │ │   ├──────────────┤
│ ├─────────────┤ │   │   健康・運動学系    │
│ │   行政政策学類    │ │   ├──────────────┤
│ │   学生定員  200 │ │   │  外国語・外国文化学系 │
│ ├─────────────┤ │   ├──────────────┤
│ │   経済経営学類    │ │   │   法律・政治学系    │
│ │   学生定員  200 │ │   ├──────────────┤
│ ├─────────────┤ │   │   社会・歴史学系    │
│ │  現代教養コース    │ │   ├──────────────┤
│ │  (昼夜開講制)    │ │   │     経済学系     │
│ │   学生定員   60 │ │   ├──────────────┤
│ └─────────────┘ │   │     経営学系     │
├─────────────────┤   ├──────────────┤
│     理工学群       │   │   数理・情報学系    │
│ ┌─────────────┐ │   ├──────────────┤
│ │ 共生システム理工学類 │ │   │   機械・電子学系    │
│ │   学生定員  180 │ │   ├──────────────┤
│ └─────────────┘ │   │ 物質・エネルギー学系 │
└─────────────────┘   ├──────────────┤
                              │   生命・環境学系    │
                              └──────────────┘
```

　　　　　図3　2学群・4学類・12学系当初構想

なお福島大学教育学部の再編を含む大学全体の改革を一言で述べるならば，一方で新たに「理工系学域」の創設を全学再編の方法によって実現しつつ，全体として〈教育重視の人材育成大学〉として「2学群・4学類・12学系」(図3参照)の新生福島大学をめざし，他方で「教員養成学部」を「非教員養成学部」に転換して新たな専門教育・研究をベースとする「人間発達文化学類(仮称)」を創設するところにある。この発達系の新学域では教員免許として，三つの専攻において「人間発達専攻」－小学校・幼稚園・養護学校，「文化理解専攻」－中学校・高校(国語・英語・数学・社会・家庭)及び「スポーツ・文化創造専攻」－中学校・高校(保健体育・音楽・美術)の課程認定を準備している。

1　戦後教員養成の理念・原則と福島大学「教員養成学部」

　戦後教員養成理念は，大学における教員養成の原則及び開放制教員養成の原則によって語られることが多いが，この理念・原則を踏まえて国立大学の，いわゆる「教員養成学部」の設置理由を検討すると必ずしも合理的に説明することはできない。なぜならば，開放制原則からいえばこのような「教員養成」のための学部の設置は必ずしも必要ではないからである。現に戦後教員養成の出発時における諸論議においても，従来の教員養成諸学校の存在は否定され，「教員養成は総合大学及び単科大学に教育学科を置いてこれを行う」という基本方針が指し示されたわけである[1]。

　にもかかわらず，戦後教員養成の出発時において今日しばしば「教員養成学部」と称されて，旧帝大系の「教育学部」と区別されてその存在が認知されていくのは，基本的には「教員の需要」を満たすためであり，それゆえに従来の教員養成諸学校も戦前とは異なる「大学」であるということを基本前提としつつ，現実には「教員養成学部」として，その「教員の需要」に対応することが要請されることになる。

　ただし周知のように，従来の教員養成諸学校が転換した学部名称は「学芸学部」と「教育学部」とされ，後者の名称はいわば旧帝大系の「教育学部」と同様のものとなった。福島大学は新制大学発足時では「学芸学部」と命名されて，

「教職」とともに「教養」の教育をも担う役割を期待された。

ところで福島大学は，旧師範学校等を踏まえて設置された学芸学部と旧高等商業・経済専門学校を踏まえて設置された経済学部とで，いわば2学部大学として出発し，学芸学部は当初はこの2学部の教養教育と，学芸学部・経済学部の教職教育（小学校教員養成を含む）を担当していたが，1960年代以降における改革を通して，この学芸学部は単なる「教養」教育担当の学部でもなければ，「教職」教育担当の学部でもなく，大学における「専門」教育研究を担いうる一学部としてその内実を問い直していくことになる。そして，そのような問題意識を踏まえて「教養」教育の担当はいわゆる全学出動方式による体制として成立させ，併せて「教職」教育の担当も，この「教員養成学部」の存在がありながらも全学的に教職教育に責任を負うべき教職センター構想を打ち出すことになり[2]，その結果として「教員養成学部」としての学芸学部・教育学部の独自な存在意義が問い直されていくことになる。

その存在意義がまさに自覚的に問い直されていくのは，1966（昭和41）年4月以降の，学部名称の一律変更（すべて「教育学部」にする。ただし旧帝大系のそれはそのまま）以降であり，教員養成という「目的養成」の主体的受けとめと自覚化の過程においてである。

その「教員養成学部」の存在意義を問い直していこうとする問題意識は次のような教授会文書に示されている[3]。

　　「われわれが教員養成学部のカリキュラムを考えるとき，その考え方の根本にあったものは，既成の学問体系であった。そのことが，たとえば，小学校課程のカリキュラム・授業を考えるときも，ややもすれば中学・高校課程の視点から考えがちであるというような傾向となるようなことがあったのではなかろうかと考えるのである。」

　　「改善にあたっては，小学校課程のカリキュラムを基軸と考え，これを基点として中学・高校課程のカリキュラム改革に進まなくてはならないと考える。」

　　「このようなカリキュラム改善の方向は，教育学部を『目的大学』にし

てしまうのではないかという疑問が生じるかもしれない。しかし，『目的大学』に反対であるということは，教育学部としてのあるべき目的性を明確にしないということではない。むしろ，『基本理念』をふまえて主体的に学部の目的をかかげ，それをカリキュラムの上に確立することが『目的大学』化への実質的な歯止めとなる。教員にならない学生でも……他学部では得られない学力・能力を習得することができ，そこに教育学部の特色もあるのである。」

「教育体系の視点から考えるということは，皮相的な教育技術上の問題にとどまることではなく各教科がそれぞれの領域・分野において，教育の科学の樹立をめざし，新しい方法を模索するということである」

以上の引用からもうかがえるように，「教員養成学部」の独自性とは決して「教員の需要」への対応という，いわば量的対応のシステムに求めるのではなく，他の専門学部とは異なる独自な教育研究の内容・方法を内実とする質的システムに求めるべきである。

他の専門学部とは異なる質的システムの確立の観点は，この時期においても，また今回の「在り方懇」報告対応においても，ややもするとないがしろにされて，今日の免許必修システムである「教員養成課程」制の見直しの検討にまで進まない傾向が残存し，教員養成の質的充実の道が，単純に免許必修システムを残す道と混同されている[4]。

筆者はその点に関わって，教員養成学部の教官構成の独自性（「教科専門」教官と「教職・教科教育専門」教官の同時存在）を踏まえて，学部・大学院の専門領域として「教科教育学」と「教科内容開発学（小学校教科専門科目を含むいわゆる教科専門科目の発展的な位置づけ）」を設定することを通してその内実を創りあげるべきだと考えている。

戦後教員養成の理念に即して，福島大学「教員養成学部」（学芸学部・教育学部）の存在意義を一言で述べるならば，本学部が発足当時の「教養」及び「教職」担当という学部理念から，その後たとえ「教職」を視野に入れつつも，他の専門学部とは異なる教育研究の独自性を追求してきたところにあり，したが

って単に教員養成を行うという理由づけにとどまらない独自な教育研究の内実を積み重ねてきているところに求めたい。

2 「在り方懇」報告を捉える視座と「教員養成学部」存続運動

　福島大学「教員養成学部」を含む全国国立大学における「教員養成学部」の抜本的改革への提言を示したのが，「在り方懇」報告である。
　この報告のポイントは，「教員養成学部」が直面する主な課題等を整理しつつ，その抜本的見直しの必要性を提起し，今後の国立の「教員養成大学・学部の組織・体制の在り方」及び「附属学校の在り方」を提言しているところにある。
　とりわけ大きな問題として取り上げているのが教員養成学部における，いわゆる「新課程」を位置づけることについてであり，そのことと関わって生じる全国の教員養成学部における教員養成課程の弱小化・弱体化問題である。すなわち報告は「新課程」は「好評価」とともに「問題点」として「同一の教員が教員養成と新課程の両方を担当しているために，学生に対する教育研究指導の責任体制が双方において不十分となっている」「教員養成学部の教員の中には，ややもすると教員養成という目的に関心が薄い者がいるが，教員養成を目的としない課程が設置されたことによって，教員の教員養成への求心力を失わせている。」「新課程は，もともと既存の教員組織の範囲で教育課程を編成し，教員養成学部の中に置かれているため，設置の趣旨が十分に発揮されていないケースがある。」ということをあげている。
　確かに，「教員養成課程」と「新課程」という2層構造は，必ずしも有効に機能しておらず，ややもすると前者が単なる教員免許必修課程にとどまる面が強いためその独自性が十分発揮されず，他方後者が教員免許選択もしくは非選択であることが前面に押し出されるために前者の教員免許必修課程とは相乗効果をもって運営がなされないことになる。ましてや前者の「教員養成学部」独自な教育研究体制が自覚的に形成していくような志向がない場合，大きな矛盾点を生み出すことになりかねない。
　しかも，「教員養成課程」でさえも教職につくことが困難になっている状況

下では,「教員の需要」対応の必要性が薄らぎ,教員養成学部の教育研究上の独自性も必ずしも確立していない中で,教員養成学部の「再編・統合」による学部そのものの建て直しが提起されることになる。

同時に1県1教員養成学部という体制も,今日のように「交通網の発達等による,県域を越えた流動性の高まりや,情報通信技術の発展に伴う遠隔教育の導入・普及などにより」,そのまま継続する必要も薄らいでいるともいわれる。

このような状況下で「小規模なまま各都道府県に置くのではなく,この際……学生数や教員数がある程度の規模となるよう再編・統合を行うことによって,個々の学部の組織の充実強化を図るとともに,教員養成に特化し,活力ある教員養成専門の教育研究機関として,その特色や機能を十分に発揮できるよう体制を整えていくこと」が提案され,今日までのいわば1都道府県1教員養成学部という体制を見直すことを打ち出している。

この「教員養成に特化し,活力ある教員養成専門の教育研究機関」という提起,しかもそれは1都道府県1教員養成学部体制をも見直すという提案も伴っていることをどう受けとめたらよいのであろうか。

また,以上の提案は,教員養成の「担当校」と,その他の「一般校」という提案も含むことになるが,この点についてもどう評価したらよいのであろうか。

周知のように以上のような提案の,とりわけ1都道府県1教員養成学部体制の見直しによって,「教員養成学部」存続運動が各地で生起しているが,このような運動を上記の提案との関わりでどう評価したらよいのであろうか。

これらの評価の際の指標は,「在り方懇」報告をどう捉えるのかという視座と深く関わっており,その点では,その視座の確定を欠落させた単なる「教員養成学部」存続運動は,その主観的意図とは別にややもすると今後の教員養成学部の質的発展・パワーアップとは逆行しかねないものとなる恐れもある。

そこで今回の報告における提案の評価に関わる,報告を捉える視座について以下に述べたい。

まず第1に,戦後教員養成の理念と原則を踏まえて捉えることの重要性についてであるが,それらを踏まえるとどうなるであろうか。その点では,開放制

原則に照らして,「教員養成に特化し,活力ある教員養成専門の教育機関」という提案は,ややもすると開放制原則と相反する危険性があり,とりわけ「教員養成専門」の教育機関という捉え方は,その他の教員養成は「専門」ではないという認識を確立する危険性がある。周知のように教員養成は開放制原則によって,医学部のみが医師養成に携わるのとは異なり,基本的には大学における専門教育においてその課程が的確に設置されるのならば教員免許の基礎資格が与えられるものであり,医学部のような「教員養成専門学部」が仮にあったとしても,それは他の専門学部とは異なる独自な教育研究の論理を兼ね備えた学部であることが必須条件となろう。

したがって「計画養成」というものを「教員需要」の対応のゆえの一方法として一応認めたとしても,卒業要件で教員免許必修がセットにされている教員養成学部が,そのまま報告のいう「教員養成専門機関」として認知しうるかどうかは吟味すべきことである。また,「教員養成専門」機関として認めうる内実が,必ずしも「計画養成」の枠内には入らない学部でも合致する可能性があることも銘記する必要がある。後者の具体的事例として,旧帝大系の教育学部や,いわゆる発達系の専門学部及び公私立の同系列学部がその内実に合致する可能性があり,したがって,これらはいわゆる教員養成学部の中には入らないとしても教育研究上の存在意義が教員養成学部の存在意義と重なる可能性があるということである。もっともこのような学部で小学校教員養成を位置づけているのは国立大学においてはごく一部の学部のみであるが。

以上において述べたように戦後教員養成の理念・原則を踏まえて報告を捉えるならば,「教員養成専門」の機関を単純にいわゆる「教員養成学部」もしくは「担当校」に限定することには慎重に対応する必要がある。

第2にもし,他の専門学部と区別されうる「教員養成専門」の機関としての学部の独自性を確定していくとすれば,「教科専門」科目と「教職・教科教育専門」科目の講座としての同時存在と両者の有機的関連がなされうる学部・大学院構造を,教員免許取得の体制と関連づけて構想する必要があろう。おそらくそのような独自な学部・大学院構造の実現可能性があるのは,現在の「教員

養成学部」と旧帝大系の教育学部およびいわゆる発達系の専門学部においてであろう。

　第3に,「教員養成専門」の機関としての学部・大学院における教育研究を進める上で，附属学校は必要不可欠な機関であり，その点で報告が「附属学校が率先して進めている研究開発等の取り組みについても，多くは大学・学部の研究方針に基づくものではなく，附属学校が独自の立場から取り組んでいるものがほとんどである。附属学校における研究開発自体は大いに推進されるべきものであるが，それが大学・学部の関与がなく附属学校だけの方針によってなされている限りにおいては，附属学校としての目的からみて問題なしとはしない。」という指摘や「附属学校である限り『大学・学部における教育に関する研究に協力』するという目的は非教員養成大学・学部の附属学校においても求められることである。大学・学部から独立し，独自の運営をしていくことを求めるのであれば，『附属学校』であり続ける必然性はないと考えられる。」という指摘などはいずれも重要な点を衝いている。

　まさに教員養成学部及び教育・発達系の専門学部において附属学校は必要不可欠な機関である，という点も正しく捉える必要がある。

　第4に，1都道府県1教員養成学部という体制をどう捉えるのかということについてであるが，この体制の大前提として戦後教員養成の理念・原則があることを正しく押さえる必要がある。その点で戦後教員養成において「教員の需要」に対応した「教員養成学部」を設置したことをどう総括するのかという問題があり，しかも今日においても開放制システムの下で,「教員の需要」に対応する方法としての計画養成システムが必要であるのかどうかは吟味すべき課題のように思われる。

　ただ報告における「教員養成学部」の重視は単に「教員の需要」に対応する方法という側面よりも，今日の教員養成の質的充実という観点をも踏まえたものであり，その点では，いわば「教員養成学部」の独自性に基づくパワーアップということも重視されているので，そのような学部こそ1都道府県に一つは置かなくてもよいのか，という問題が生じてくる。

この問題に関して言えば，この1都道府県1教員養成学部の体制を，「教員の需要」という観点から捉えるよりも，当該都道府県の教育研究の充実拠点の設置という観点や，現職研修教育の質的充実という観点から各県の大学・学部設置を捉えるべきことも必要不可欠な課題となる。

第5に，いわゆる「担当校」「一般校」という区分を行う報告をどう評価するのかということである。

結論的に述べるならば，戦後教員養成の理念・原則からみて，たとえ「一般校」においてもその専門教育を踏まえて教員養成の課程認定は自由であり，設置当初その点を軽視したかつての「新課程」におけるゼロ免許という方針は二度と行わないように注意する必要がある。したがって，計画養成を一面的に強調することによる「担当校」による教員養成一元化は戦後教員養成の理念・原則からみて慎重に対処すべきことである。

3　地域教師教育責任体制と「新生福島大学」の教師教育構想

「在り方懇」報告を受けて福島大学は南東北の教員養成学部・大学（宮城教育大学，山形大学）との懇談を開始し，次のような合意に達した。それは第3回三大学連絡会議（2002年5月16日仙台）においてである。

(1)　三大学のいずれの大学が教員養成の担当校となるかどうかという議論の前に，まず三大学が南東北地域及び各県教育に対しどのような責務を果たすべきであるかを検討していくことが重要であること。

(2)　三大学がその責務を遂行していくためには，それぞれの教員養成学部の成果と蓄積の上に立ってその教育研究機能を継承発展し，向上させていくことが重要であること。

(3)　以上のような認識の下に，「担当校」はその役割を遂行していくことが必要であり，かつ「担当校」以外の大学（一般校）においても大学院・教職センター及び附属学校等の機能を通じ，当該県の教員養成と現職教員研修に可能な限り貢献していく必要があること。

(4)　三大学が三県の学校教育に果たすべき役割

①人材の育成と供給（力量を備えた教員の育成）
②現職教員研修機能の充実（大学院への現職教員受け入れ，夜間主コースへの受け入れ，研究会充実，遠隔教育充実）
③各県の教育の質的充実への貢献（現職教員研修，教育委員会との連携協定による貢献等，附属学校園の地域社会への貢献）

(5) 教員養成担当校と一般校との連携協力の在り方

　三大学が連携協力して，南東北地域及び各県の教員養成並びに現職教員研修に責任を負うとともに，それぞれの大学が果たしてきた教育研究の成果や教育機能の質的向上への貢献等を継承・発展させ，南東北地域における教員養成及び現職教員研修等の質的強化のために，三大学による新たな連携の枠組みを検討していくこととする。

　以上の合意を踏まえて，三大学は新たな連携の枠組みの検討に入っているのが現段階である（2002年5月16日段階）。

　この協議に入った中で，マスコミの興味関心は「どこが担当校になるのか」という一点に集中し，「担当校，一般校は決めたのか？」「結論はいつ頃出るのか？」というものであったが，それに対してのスタンスは「いずれにせよ，三大学がそれぞれの県・地域の教員養成及び現職教員研修に対してどう役割・責任を果たしていくかが重要である」ということであった。

　なお福島大学は当時東北地域では最大の「教員養成課程」(220名)（教員採用率も全国的にもトップレベルであり，しかも学校臨床心理専攻の大学院は当初東北・北海道地区では1校のみ）を擁しているが，その大学がなぜ「担当校」をめざさなかったのかという点について一言述べておく。もともと福島大学ではこの「計画養成」システムという免許必修システムへの批判的姿勢があり，この単なる「必修」方式よりも，学生による「選択」方式を教授会で検討してきた経緯があるが，最大の理由は「自然科学系学部」増設を実現する上で，「教員養成学部」の再編成が必要不可欠であると判断したところにある。

　以上を踏まえて，福島大学においては，「自然科学系学域」創設運動を支えている福島県や福島市に対して，その創設の展望とともに，「従来の教員養成

機能を維持し，新しい制度設計の中でユニークな教員養成・現職教員研修を位置づけ発展させていきたい」と説明し，理解を得るべく努力している。ただし「本当に維持し発展させうるのか？」「教育学部転換もなされて，自然科学系学域創設が困難という事態にならないか？」という心配が残りながらも，そのような状況下で，全学再編の方式によって新しい制度設計の工夫のもとに「人間発達文化学類（学部）」（図4参照）を設置し，この発達系学類（学部）創設によるユニークな教員養成を進めようとしている。その制度設計を支えているのが戦後教員養成の理念と原則である。

この発達系学類のユニークさとは，第1に福島大学の「小学校課程」重視と「目的養成」重視の中で生まれた「系改革」（教職専門科目と教科専門科目の有機的結合をめざした実践）の成果を「発達と文化との関わり」を創り出す実践として継承すること，第2にいわゆる「非教員養成学部」でありながら「目的制」を志向していること，第3に「一般学部」においても教員養成の目的的実践を志向する上での質保証のシステムを確立しようとしていることである[5]。

以上のような福島大学の制度設計への理解の努力の中で，福島大学教育学部同窓会から要望書が出され（2002年10月2日），その要点は「人間発達文化学類（仮称）」における教員免許状取得可能な課程構成に全力を挙げられたいこと，地域の教育分野の人材養成をはじめ，現職教員の再教育・研修のための大学院及び教育諸施設，更に附属学校園の存続など教員養成機能の維持・存続を図るよう努力されたいこと，である。

大学としてはそのような機能の維持・発展こそが制度設計の基礎にあるとい

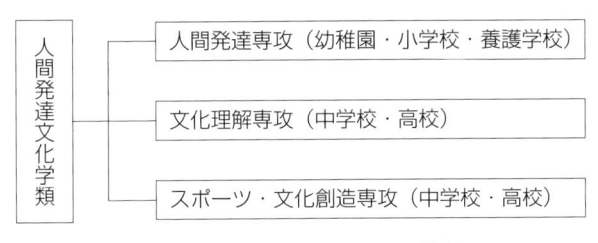

人間発達文化学類
├─ 人間発達専攻（幼稚園・小学校・養護学校）
├─ 文化理解専攻（中学校・高校）
└─ スポーツ・文化創造専攻（中学校・高校）

図4　人間発達文化学類（仮称）構想

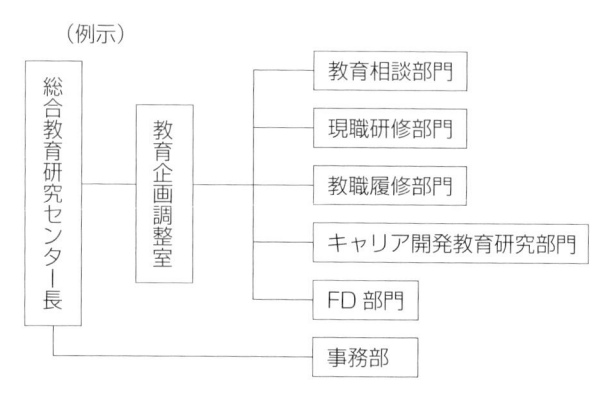

```
(例示)
総合教育研究センター長 ─ 教育企画調整室 ┬ 教育相談部門
                                    ├ 現職研修部門
                                    ├ 教職履修部門
                                    ├ キャリア開発教育研究部門
                                    ├ FD部門
総合教育研究センター長 ──────────────── 事務部
```

図5　総合教育研究センター（仮称）構想

うことで，以上の要望を踏まえて教員免許状取得可能な課程構成と現職教員研修のための制度設計及び新たな発達系学類の目的に沿った附属学校の制度設計が進められている。

　併せて大学全体としては「総合教育研究センター（仮称）」（図5．例示参照）を設置して全学レベルの教員養成に責任を持つ組織についても検討し，一般学部における教員養成の質保証システムの確立をめざしている。

注
（1）　教育刷新委員会第17回総会。1946年12月26日採択。
（2）　教員養成問題検討委員会「福島大学における教員養成のあり方－第1次報告」1982年3月31日。本報告書には「『大学における教員養成』と『開放制』……が実現するためには教育学部を中心に各学部の諸学問領域を有機的に結合した"大学としての総合性"を発揮するように制度的・財政的に文部行政がうらづけを行わなければならなかった」「一般学部は文部省の安易な課程認定政策にそのまま無自覚に便乗し……責任ある体制の確立と充実の責務を自覚せずに過ごしてきた」と反省しつつ，「教員養成学部」を有する大学としては初めて全学教員養成を単に教育学部に責任転嫁しない新たな教職課程センター構想を提案している。
（3）　将来計画委員会「教育学部の将来計画を構想するにあたって－カリキュラム検討の趣旨と提案－」1977年10月12日（［資料6］参照）
（4）　ここでの論点は論争的な問題であり，筆者は「教員養成の専門性」の実現は，決してある特定の学部がその専門性を担うという立場をとっていない。したがって医師養成

には「医学部」というように,「教師養成」には「教師養成専門学部」という立場ではなく,少なくとも学士段階では,まさに開放制システムにおいて専門性豊かな教員養成をめざすべきであるという立場である。ただし「在り方懇」報告のいう「教員養成学部」の独自な教育研究システムは「教育系」や「発達系」の学部で追求する価値があると考えている。

(5) 福島大学教育学部50周年記念著書刊行会編『21世紀の教師教育を考える－福島大学からの発信』八朔社,2001年2月,参照。

補論5 「教員養成大学・学部の在り方懇談会報告」を読み直す

(1) 「在り方懇」報告と「教員養成学部」の意味

「国立の教員養成系大学・学部の在り方に関する懇談会」(以下「在り方懇」と略称)は2001(平成13)年11月22日付けでその報告書を発表している。この「在り方懇」報告は当時の文部科学省「大学(国立大学)の構造改革の方針」(同年6月11日発表)をベースとした戦後教員養成政策を大きく転換することを提起する報告書である。

この報告書の内容は後に述べるように全国各都道府県すべてに設置されている「国立の教員養成系大学・学部」の全国配置を見直し,その統合・再編を提起するものであり,それゆえに教員就職率の低い大学・学部や,「教員養成課程」の規模が相対的に小さい大学・学部では,「在り方懇」報告にいかに対処するべきかということが大きな課題となっていた。しかし2005年2月16日の文部科学省有識者会議での「教員養成系学部の入学定員について1986年度から維持してきた抑制方針を撤廃する方向」がマスコミ等を通して打ち出されてから,上記の「在り方懇」報告への対応について課題意識が薄れてきているように思える。

2004年4月からの「国立大学法人化」以降の現時点であらためて振り返るならば,あの「在り方懇」報告への対応をめぐるマスコミ等での「騒動」は何であったのかという思いが去来する。筆者にはあの「在り方懇」報告の提起したものをそれぞれの大学・学部が正確に受けとめそれぞれの大学・学部で主体的に対処することが依然として課題として残されているように思われる。とりわけ「教員養成学部」におけるいわゆる「新課程」と呼ばれるゼロ免許課程と称された課程をどう位置づけ,どう発展的に位置づけ直すかは現在も問われているわけであるが,その課題を正面から受けとめ主体的に対処するに至る以前

に，教員養成系大学・学部関係者の意識の中から「在り方懇」に関する問題提起が消え去りつつある現状は必ずしも歓迎すべきことではなかろう。

ただし，あらかじめ誤解なきように一言するが，筆者はあの「在り方懇」報告での〈統合・再編路線〉を再開し実施すべきだと主張しているのではなく，「新課程」という課程の位置づけを「教員養成学部」自体が正しく総括することは今後の教師教育の展開において必要不可欠であると考えている。そしてこれは本書で新たに提案することであるが，この「新課程」なるものを誕生させる契機となった「計画養成＝免許必修制」(教員養成系学部入学定員抑制方針)なるもののデメリットをしっかり認識しつつ，質の高い教員養成の在り方について検討してほしい。

さて「在り方懇」報告の内容についてであるが，大きく四つに分けて構成されており「Ⅰ　国立の教員養成大学・学部が直面する主な課題等」「Ⅱ　今後の教員養成学部の果たすべき役割等」「Ⅲ　今後の国立の教員養成大学・学部の組織・体制の在り方」「Ⅳ　附属学校の在り方」となっている。

Ⅰの「直面する主な課題等」としては(1)力量ある教員の養成の必要性，(2)個性，特色を持った教員養成の展開，(3)特色ある教育研究の展開，(4)実践的な教員養成の実施のための学校現場との連携協力の推進，(5)学部における教員養成を巡る現状と主な課題，(6)大学院の充実の必要性，(7)附属学校と大学・学部との連携，(8)抜本的見直しの必要性，が挙げられている。この中の「力量ある教員の養成」「個性，特色を持った教員養成」「学校現場との連携協力」「大学院の充実」「附属学校と大学・学部との連携」の課題はあらためてあげるまでもないほどの重要課題であることはいうまでもない。問題はこれらの諸課題に加えて整理されている「(5)学部における教員養成を巡る現状と主な課題」と「(8)抜本的見直しの必要性」としてあげられている課題の内容についてである。

まず「(5)」の内容であるが，「①教員就職率の低下」「②教員養成学部卒業者のシェア」「③教員養成課程の規模の縮小と新課程の増加」「④教員組織の現状」「⑤新課程の位置付け」となっており，「教員養成学部」の主な目的で

ある「教員養成」と，その目的とは異なる「新課程」との位置づけについて述べられ，その問題はいわゆる少子化の進行する状況下での「教員就職率の低下」と「教員養成学部卒業者のシェア」の変化とも関連づけて論じられている。実はこの「新課程」においては，免許必修ではないとしても教員志望の学生は一定数存在する状況もある一方で，「教員養成課程」では教員志望をしながらも教員になれない問題状況の中にある「教員養成学部」となっていることである。したがって一方では「力量ある教員養成」をめざしつつ，他方では「教員以外」の進路にも有効に対処しうるような措置を，この「新課程」の改善と結びつけつつ検討することが課題となっていた。

　ここでは「新課程の位置付け」については「新課程の入学定員は教員養成学部の入学定員の約4割に達しているが」，この新課程は「多様な進学希望に応えられる」という好評価が一方でありながらも，他方で「教員養成を目的としない課程の存在によって……性格があいまいとなっている」「同一の教員が……両方を担当しているため，学生に対する教育研究指導の責任体制が双方において不十分となっている」こと等が問題点として指摘されている。筆者もこの後者の問題点をしっかり見据えた，いわば「新課程」改革こそが質の高い教員養成を進める上で中心問題であったと捉えている。この問題はたとえ「在り方懇」報告が実施しなかったとしても正当に受けとめるべきものである。

　次は「(8) 抜本的見直しの必要性」の内容であるが，ここでは「附属学校との関係も含めて，学部，大学院の在り方について抜本的な検討を行い……長期的な視点に立って組織・体制の在り方を，抜本的に見直していくことが必要となっている」と述べられ，本報告の中心テーマであることを明示している。

　以上のⅠの「直面する主な課題等」をうけて，Ⅱでは「今後の教員養成学部の果たすべき役割」について整理され，「学部」においては「教員養成学部としての独自の専門性の発揮」の問題，「教員養成学部の教員の在り方」の問題について言及されて，まさに学部段階での教員養成における，いわば「目的養成」のあり方が個々の科目とその進め方にまで立ち入って整理されている。また「大学院」においては「修士課程で養成すべき能力」「現職教員の再教育の

ための体制整備」「専修免許状の在り方の見直し」にまで言及され，さらに「博士課程の在り方」においてはその現状と問題点に触れられている。

　そしてⅢでは本報告の中心テーマでもある「今後の国立の教員養成大学・学部の組織・体制の在り方」について問題提起され，次のⅣでは「附属学校の在り方」について，上記のⅢの問題と関連させて述べられている。

　さて本報告の中心テーマであるⅢにおいては，1では「再編・統合の必要性」，2では「再編・統合の考え方」として「(1)再編・統合の基本的な考え方」(①検討の前提，②教員養成課程全体の入学定員及び今後の教員需要への対応)，③再編・統合の基本的な考え方，「(2)再編・統合の形態」，「(3)再編・統合後の基本的な枠組み」という3点が提示されている。

　いわゆる「在り方懇」報告の中心部分について以下にそのポイントを整理する。

　〈再編・統合の必要性〉

　「新課程については，教員養成学部が独自の専門性を確立していく観点からも，新課程の学生の教育指導体制の明確化を図っていく観点からも，原則として教員養成学部から分離していくことが適当と考えられる。」

　「総合的に勘案すれば，教員養成学部を小規模なまま各都道府県に置くのではなく，この際，1都道府県1教員養成学部の体制を見直し，学生数や教員数がある程度の規模となるように再編・統合を行うことによって，個々の学部の組織の充実強化を図るとともに，教員養成に特化し，活力ある教員養成専門の教育研究機関として，その特色や機能を十分に発揮できるように体制を整えていくことが必要である。」

　〈再編・統合の考え方〉

　「再編・統合の検討に当たっては，現在の1万人体制をもとに，優秀な教員を養成していくための教員養成学部の組織・体制の在り方を検討していくことが適当である。」

　「再編・統合に当たっては，国立の教員養成学部の役割，とりわけ小学校教員の養成に果たす役割を勘案しつつ，特定の地域の偏在を避け，全国

的にバランスのとれた養成体制になるように考慮する必要がある。」

「新課程については，教員養成学部の再編・統合を契機に，原則として教員養成学部から分離していくことが適当である。その際，当該再編・統合に係る関係大学・学部間で，教員養成課程と新課程の分野の適切な役割分担を図るほか，既存の組織の充実に当てるなど，それぞれの大学の個性・特色の発揮につなげていくようにしていくことが適当である。」

「教員養成学部がなくなる都道府県については，当該都道府県等の教育委員会との連携協力の体制や現職教員の大学院での再教育の体制の整備に十分留意する必要がある。」

〈再編・統合の形態〉

「A　複数の大学・学部を統合するケース」(「再編・統合後の個々の教員養成学部の充実強化が最も明確に表われる方法である。一方，教員養成学部がなくなる都道府県が生じ，現職教員の再教育や教育委員会との連携などの面での工夫が必要となる。」)

「B　小学校教員養成機能は各大学に残し，中学校10教科を例えば文系，理系，技術系のように複数の大学で分担するケース」

「C　基幹大学とその他の大学に分け，基幹大学は一定のブロックごとに1大学程度とし，当該大学ではすべての学校種の教員養成を行い，その他の大学は小学校教員養成に特化するケース」

「上記再編・統合の形態にはそれぞれメリット，デメリットがあるが，Aの形態を基本と考えていくべきである。」

〈再編・統合後の基本的な枠組み〉

「教員養成課程の1万人体制の中で，教員養成課程を担当する大学(「教員養成担当大学」)と教員養成学部がなくなる大学(「一般大学」)とで，これまで担ってきた役割を分担し，それぞれの大学が個性や特色を発揮していけるようにすることを基本とすべきである。」

〈附属学校の在り方〉

「教員養成学部に附属するものと，非教員養成大学・学部に附属するもの

があり，それぞれの附属学校が果たすべき役割や機能について，教員養成学部の再編・統合を契機に再検討することが必要である。」

以上が「在り方懇」報告内容のポイントである。

この報告において「教員養成学部」ということばは当然多く使われているが，この「教員養成学部」の意味はどのような内容のもとに使われているのであろうか。

その意味内容の歴史的変化については厳密には検討する必要があるが，一応定義づけてみると，「計画養成＝免許必修」の「教員養成課程」を有する学部，となる。具体的な学部のネーミングとしては，かつては「学芸学部」「教育学部」，そして「新課程」の設置以降は「○○教育学部」や「教育○○学部」という名称も登場している。今日では学部名の一部に「教育」が付されているのが「教員養成学部」と呼ばれる学部である。ただし唯一の例外を除いては。──その例外はかつての「旧帝大」と呼ばれた大学の「教育学部」である。

(2) 「在り方懇」報告への対応と教員養成をすてることの意味

「在り方懇」報告への対応が明示的になされた事例は必ずしも多くはない。そしてその対応も必ずしも同一の対応とはなっていない。

2002（平成14）年8月時点の新聞報道では全国48国立大学教員養成学部のうち「少なくとも5組11校にのぼり，同学部が消える大学はさらに増えそうだ」となっており，ただ「地元の反発などを懸念して，何らかの方法で存続を模索する大学も多い」とも報じている。

そして「なくなる方向になっているのは，福島，山形，富山，鳥取，高知の5大学」で，「福島，山形，宮城教育大は教員養成学部を統合し，宮城教育大に一本化する方針を決めた」が，「山形大は取材に『回答できない』としているが，教授会は教員養成の専門学部の設置を断念することで合意している」とも報じている。

ここでの記事にも「同学部が消える」「教員養成学部を統合し，宮城教育大に一本化」「教員養成の専門学部の設置を断念」ということばで表現されてい

るが，厳密にこの記事内容を確定すると，「計画養成＝免許必修」の「教員養成課程」を有する学部が廃止されるという事実のみである。しかしそれ以外の意味内容までも拡大して使用されていることに気づく。

山形大学や福島大学からは「計画養成＝免許必修」の「教員養成課程」が廃止されたことのみが基本的事実であるが，それ以外の「宮城教育大学に一本化」「教員養成の専門学部の設置を断念」したというところまで言及している。まさに「教員養成」そのものをすてたという報道である。

確かに「計画養成＝免許必修」の課程は廃止され，宮城教育大学のみがその「教員養成課程」を維持することになったが，戦後の「開放制」教員養成の理念に照らしてみれば，そのことは決して「教員養成をすてること」とはイコールではない。(かつて「新課程」を「ゼロ免許課程」と称し教員免許の「課程認定」そのものを一時期断念したことがあったがそのような愚策？は消えつつある。)

また「計画養成＝免許必修」課程の廃止が必ずしも「教員養成の専門学部の設置を断念」することとイコールとはいえない。少なくとも私の所属する福島大学ではかかる認識をもって対処したわけではない。ここには「計画養成＝免許必修」による教員養成学部こそが「教員養成の専門学部である」という教員養成理論なるものが据えられているが，筆者はこの理論そのものに疑問を持っている。

筆者の理論的立場を端的に述べると，「計画養成＝免許必修」制は必ずしも質の高い教員養成を保証すると捉えず，「計画養成＝免許必修」制の中から生まれてきた「目的養成」の実践がその質的充実に大きく寄与していると捉えていた。

また今日の大学教育の新しい変化の中で，「計画養成＝免許必修」制よりも「免許選択」制という方式を新たなキャリア教育を進めることと結びつけて教員養成を実施する方が大きな効果を生み出すという仮説的見解を持っている。したがって上記で述べたような，その「免許選択」制はキャリア教育と結合する「目的養成」をもセットすることが必須要件であるとも捉えている。

さて，「在り方懇」報告への対応を類型化すると次の通りとなる。

第1類型は，2大学対応型の鳥取大学－島根大学間のもので，鳥取大学「教員養成学部（教育地域科学部学校教育教員養成課程）」は廃止され，島根大学「教員養成学部（学校教育教員養成課程）」に「統合・再編」されるというもので鳥取大学には「地域学部」という新しい学部が設置され，その内部編成は「地域政策学科」「地域教育学科」「地域文化学科」「地域環境学科」となっている。これは「免許必修学生数」「若干の教員数」の移動も含めた「在り方懇」報告に正面から対応するものとなっている。

　第2類型は，3大学対応型の宮城教育大学－山形大学－福島大学間のもので，山形大学「教員養成学部（学校教育教員養成課程）」，福島大学「教員養成学部（学校教育教員養成課程）」が，宮城教育大学「教員養成課程（学校教育教員養成課程）」に「統合・再編」されるというものである。そして山形大学には「地域教育文化学部」という新しい学部，また福島大学には「人間発達文化学類（学部）」という新しい学類（学部）がそれぞれ設置された。

　なお「地域教育文化学部」は「地域教育学科」「文化創造学科」「生活総合学科」という内部編成，「人間発達文化学類（学部）」は「人間発達専攻（学科）」「文化探究専攻（学科）」「スポーツ・芸術創造専攻（学科）」という内部編成となっている。

　この3大学対応型は，「在り方懇」報告に正面から対応するためには宮城教育大学「教員養成課程」に山形大学「教員養成課程」・福島大学「教員養成課程」が「統合・再編」され，逆に宮城教育大学「新課程」から山形大学「新学部」・福島大学「新学類（学部）」に「統合・再編」することも必要ではあったが，現在に至ってもその数あわせ・定員数調整は行われていない。

　第3類型は，1大学対応型の富山大学「教員養成学部（学校教育教員養成課程）」が廃止され，「人間発達科学部」という新学部が設置された。この1大学対応型は〈在り方懇〉報告に示されたような「計画養成（免許必修）」学生数の「移動・統合」という方法は採らないで実現している。

　以上三つの類型は，「在り方懇」報告との関わりから捉えると，いわゆる「教員養成担当校」（教員養成をする？）と，いわゆる「一般校」（教員養成をすてる？）

に分けることが大きな課題であったが，後に述べるようにこの二分法には大きな問題が存在していた。中心に捉えられるべき問題は，「在り方懇」報告自身も述べているように，新しい社会変化の中でいかに質の高い教員養成を実現するかということにあり，その上での「教員養成課程」における「目的養成」をいかに実現し，なおかつ「新課程」の位置づけをどう見直すのかということであった。

したがって「在り方懇」報告の対応においては，必ずしも教員養成をすてる・すてないというところが中心問題ではなかったのである。この点については特に「教員養成系大学」関係者及びマスコミ関係者に強調しておきたい。

(3) 「在り方懇」報告の意義と問題点

「在り方懇」報告の意義と問題点をいかに捉えるべきであろうか。

意義の第1点は，2000 (平成12) 年8月に設置された際に明示されていたように「教育現場で生じている困難な課題や新たな教育課題に的確に応えられる力量ある教員を養成していくため長期的観点に立った国立の教員養成系大学・学部の在り方に関し」検討したものであるところにあり，したがって社会の新しい変化の中での質の高い教員養成について報告しているところにある。

そして第2点としてその質の高い教員養成について言及する中で，戦後初めてといってよいほどカリキュラムの内容・教員養成の中身についても問題提起をしていることである。具体的には「教員養成学部としての独自の専門性の発揮」として，「① 教科専門科目の在り方」(小学校教員養成の場合，中学校教員養成の場合)，「② 教科教育法 (学) の在り方」「③ 教職専門科目の在り方」について言及し，① では「小学校における教育の充実のため教科専門と教科教育の分野を結びつけた新たな分野を構築していくこと」「中学校教員養成の教科専門科目の在り方については教員養成学部の独自性の発揮が求められる」という点，② では「教育技術的なことを教授するにとどまることなく教科教育担当教員と教科専門担当教員とが協力して教員養成学部が独自性を発揮していく」「教員養成カリキュラムの体系性を強化していく上で，各々の教科教育法 (学) が

関連性を追求しつつ各教科共通的，横断的な専門分野を構築していくこと」という点，③では「教職専門科目は教員養成学部が教員養成という目的に沿ってその内容を深化発展させていく場合の基本となる教育分野である。実践的な教員の養成という観点からその現状について点検・見直しを行い充実を図っていくことが必要」という点がそれぞれ指摘されている。

　第3点として上記第2点に加えて「教員養成学部の教員の在り方」として「① 教科専門科目担当教員の在り方」「② 教科教育法(学)担当教員の在り方」「③ 教職専門科目担当教員の在り方」「④ 教員養成学部にふさわしい教員の確保」「⑤ 教員組織の弾力的編成」について言及していることである。具体的には①では「教科専門科目担当教員が，どのような意識で教員養成に取り組むかが教員養成学部の方向付けに大きく影響する」点，②では「今後小学校教員養成における教科専門と教科教育の分野の結びつきなど教員養成学部が独自性を発揮していくため牽引的な役割を果たしていく」点，③では「教員養成という立場から学校現場をフィールドとしつつ，子どもたちに目を向けた実践的な教育研究が推進されることが求められる」点，④では「以上の3つの区分の担当教員が共同しつつ，体系的なカリキュラムの展開に向けて独自の専門領域を創っていくためには教員の意識改革だけでなく教員養成学部にふさわしい教員をどのように確保していくかが重要な課題である」点，さらに⑤では「学校現場における新たな教育課題への対応等を通じ，各大学が特色を発揮していくため弾力的な教員組織の編成に努めることが望まれる」点について述べられている。これらの諸点はまさに「目的養成」の観点から個性ある教員と教員組織の在り方を提起しており受けとめるべき課題である。

　以上3点の意義に加えて問題点として指摘したいことは，以上のいわば教員養成の「目的養成」の理念に基づくカリキュラム論・教育内容論及び大学教員の在り方・大学教員論を実現していく上での，大学配置論・制度論ともいえる課題について言及していることに関する問題点である。

　その問題点とは，「在り方懇」報告では教員養成学部の再配置や地域の教員養成・現職教員研修の在り方などをも視野にいれた意欲的な報告をしていなが

ら，ここではこれらの提案の教員養成の理念・内容とは，必ずしも論理必然的に結びつけることのできない大学配置論・制度論ともいえるものが構想されていることによって，両者を結びつける上での諸条件についての丁寧な検討が欠けていることから生じる問題点である。

すなわち教員養成学部の再配置や地域の教員養成と現職教員研修の在り方を検討する場合には，地方教育行政区分とその体制との関わりでその教員養成・現職研修をどう位置づけて検討するのかが重要な問題となるが，その点では現行の都道府県教育行政区分とその体制を前提とする場合，たとえ教員養成学部が都道府県ごとに配置しないことが成立しても，教員養成学部が中心的役割を果たすべき現職教員研修の体制は基本的にはこの地方教育行政区分と体制に対応することが自然な形態であり，現職研修の自然な成立が欠けていたといえる。まさに大学における教員養成・現職研修と地方教育行政体制との関わりにおいて検討すべき基本問題が残されていたのである。

また，本書の中心テーマである「教員養成学部」をどう捉えるのか，教員養成はどう進めるのかという問題との関わりで，この教員養成学部の再配置を考えるとき，〈免許必修＝教員養成課程制〉という計画養成の学部のみを基本的に「目的養成学部」であると捉える方法意識そのものにも，筆者は「在り方懇」報告の弱点があると考えている。

なお，誤解なきように付記するが，現行の「開放制＝教職課程認定制」についてであるが，ここにおいてしばしば存在するといわれる「免許を一応取得する」というような現状とその制度運営については，改善すべき問題点であるとして指摘しておきたい。筆者の主張している「開放制＝教職課程認定制」とは先にも触れた大学におけるキャリア教育とも結合した「目的養成」をもセットにした「免許選択」制についてであり，従来の「免許必修＝教員養成課程制」とは一線を画する，もう一つの「目的養成」制である。

(4) 「人間発達文化学類」は教員養成をすてていない

福島大学は2005（平成17）年4月から新しい教育研究システムによって再出

発し，その中で「人間発達文化学類（学部）」の第 1 期生の新入生を迎え入れた。この新しい学類（学部）（2 学群 4 学類 12 学系という新システムの中に位置づくもの）は，「在り方懇」報告にも対応した教育組織であるが，かつての「教員養成学部」（学校教育教員養成課程と生涯教育課程という 2 課程構造の学部）としての「教育学部」を改組したものである。

　この学部の教員養成課程は東北地域では宮城教育大学よりも大きい，東北地域最大の 220 名規模の課程であったが，後に 2 章で述べるように大学改革全体の課題（理工系学域の創設）も見据えて「教員養成課程」は廃止し，新しい学域を立ち上げた。ただしこの新学域は従来通りの「目的養成」の理念を継承しつつ「免許選択＝開放制」の中で教員養成の更なる充実をめざしている。

　したがって福島大学「人間発達文化学類（学部）」は教員養成をすてていない。この点については，たとえ「在り方懇」報告を踏まえても，戦後の開放制教員養成理念を念頭に置くならば明白なことである。

補論6　国立大学法人化と教師教育の新展開

(1) 国立大学法人化と教員養成

　2004 (平成16) 年4月1日に，89の国立大学は新たに「国立大学法人○○大学」としてスタートした。今までの文部科学省の行政機構の一部としての〈国立大学〉という形態から，それぞれが〈国立大学法人〉として独立する形態に変更し，それぞれの大学の設立理念に基づく〈中期目標〉〈中期計画〉に沿った一大学法人として再出発することになった。

　この変化は，戦後の教員養成にとっていかなる意味を持っているのであろうか。ややもすると今までの延長線上でのみ捉える傾向はないだろうか。あるいは，教員免許の単なる「教職課程認定」という問題に矮小化して捉えていないであろうか。

　筆者は，国立大学法人化というこの時期に，あらためて戦後教員養成の原則に立ち返って，今後の教員養成のあり方について考えてみることも意味あることと思っている。

(2) 教員養成の「在り方懇」報告のポイント

　ところで，今後の教員養成のあり方について考える際に，必読すべき報告がある。それは「在り方懇」(国立の教員養成系大学・学部の在り方に関する懇談会)の報告であり，その報告書名は「今後の国立の教員養成系大学・学部の在り方について」となっている。

　「在り方懇」は2000年8月28日に第1回会議を開催し，その検討途中で大学改革プランとしてのいわゆる「遠山プラン」(2001年6月発表。そのなかに「教員養成系等の規模の縮小・再編」も位置づけられている) が出され，その後2001年11月22日に最終報告書を提出した。

報告のポイントは，① 教員需給の見通しや学生の流動状況を勘案して，教員養成学部の再編・統合を行う，②「新課程」(ゼロ免許課程) は原則として教員養成学部から分離していく，③「教員養成課程」に特化することによって活力ある大学・学部を実現し，新たな教育課題に積極的に対応するとともに特色ある教育研究を推進していく，④ 教員養成担当大学は一般大学と協力し，教員養成学部がなくなる都道府県を含め，養成・採用・研修の各段階において教育委員会との連携を図りつつ，さまざまな工夫を凝らし，その体制を整備する必要がある，などである。

(3) 戦後教員養成の理念・原則と「教員養成学部」

　戦後教員養成理念は，大学における教員養成の原則および開放性教員養成の原則によって説明されることが多いが，この理念・原則に照らして国立大学の「教員養成学部」(卒業要件に教員免許必修をセットとする「計画養成」学部) の設置理由を検討すると，必ずしも合理的に説明できない。なぜならば，開放性教員養成原則からいえば，このような「教員養成」のための学部は必ずしも必要ではないからである。現に，戦後教員養成の出発時における諸議論においても，従来の教員養成諸学校の存在は否定され，「教員養成は総合大学及び単科大学に教育学科を置いてこれを行う」という基本方向が指し示されたわけである。

　にもかかわらず，戦後教員養成の出発時に今日「教員養成学部」と称され，旧帝大系の「教育学部」と区別されてその存在が認知されていくのは，基本的には「教員需要」を満たすためであり，それゆえに従来の教員養成諸学校も戦前と異なる「大学」となっているということを基本前提としつつ，その「教員需要」に対応することが要請されることになる。

　ただし，周知のように，従来の教員養成諸学校が転換した学部名称は「学芸学部」と「教育学部」とされ，後者の名称はいわば旧帝大系の「教育学部」と同様のものとなった。その後「教員養成学部」は 1966 (昭和 41) 年 4 月以降，その学部名称は「教育学部」に統一されるが，さらに「新課程」(教員免許が必修ではない課程) が部分的に認められて以降は，一部の大学では「〇〇教育学部」

「教育○○学部」というような学部名称も採用され今日に至っている。

以上において述べたように，「教員養成学部」の学部名称は，今日では「教育学部」か「○○教育学部」「教育○○学部」とされているが，いずれにしても〈教員免許必修課程〉を位置づけたもののみを「教員養成学部」と名づけていることに注意していただきたい。そして今回の「在り方懇」報告も，この「教員養成学部」の存続を前提としていることに留意していただきたい。

筆者は戦後教員養成の理念・原則に照らして「教員養成学部」を考える際に，この〈教員免許必修課程〉の有無によって教員養成のための学部を捉えるような方法意識から脱却することが肝要ではないかと考える。このような方法意識の対極にあるのは，教員養成事業を単に「教職課程認定」科目取得として捉えるような傾向である。なお，念のために付言するが，〈教員免許必修課程〉の存在を私は単純に否定するものではない。

(4) 「在り方懇」報告と「目的養成」の視点・方策

筆者の所属する福島大学を一例として，「在り方懇」報告にどう対処するかについて述べてみたい。

まず第1に，自らの大学の現実・実態をふまえて，地域に根ざす大学改革を進めることを出発点とすることである。その出発点は，地域からの永年の要望であった〈理工系学部の創設〉を重視して，「教育学部」の再編を決断した。

第2に，「教育学部」の再編は〈教員免許必修課程〉の廃止を伴うものであったが，地域の教員養成への強い要望と従来からの教員養成の実績をふまえて，新たに「人間発達文化」学域（学類）を立ちあげた。この学域（学類）は，〈教員免許必修課程〉を設置していないがゆえに，いわゆる「教員養成学部」の範疇に入らなくなるが，従来からの「目的養成」の実績は継承していくとした。

第3に，「人間発達文化」学域（学類）は大学全体の教員養成の質を維持・向上させるうえで重要な位置にあるものと捉えるとともに，この学域（学類）の教育・研究は大学院の修士課程における教員現職教育とも連関づけて進められるものとする。そしてさらには，近隣の同種の大学・学部との連携・交流を（「連

合博士課程大学院」も展望して）重視する。

　以上3点にわたって述べたが，「在り方懇」報告に対処する場合，ややもすると〈教員免許必修課程〉を継続することのみに拘泥するような受けとめから脱却して，この報告に縷々述べられている教員養成の質の維持・向上の視点と方策を自らの大学でいかに具体化すべきかという課題に「国・公・私立」大学ともども正面から取り組むことである。この視点と方策を貫くものが，私たち福島大学でいう「目的養成」の視点・方策である。

(5) 国立大学法人化と教師教育論の新展開

　冒頭に述べたように，2004年4月より国立大学は「国立大学法人」となり，それぞれが大学法人として再出発したわけであるが，その際に戦後の教員養成の理念・原則をどう位置づけ，なおかつ「在り方懇」報告にはどう対処すればよいのであろうか。

　筆者は，戦後教員養成の理念・原則をまさに正面から受けとめて，「教職課程認定」を申請する「国・公・私立」の大学・学部は，自らの大学の理念・目標に基づいて，ユニークで価値ある教員養成を自らの大学に位置づけることが必要なのではないかと考える。まさに「目的養成」の視点と方策を位置づけつつ，教員養成と現職教育を視野に置いた教師教育を展開させるのである。

　その際の「目的養成」の視点と方策については，福島大学「人間発達文化学類」計画を例として以下そのポイントを整理する。

① 個々の学生が自分の目標に従ってデザインする〈自己カリキュラム〉システムを導入する。

② 「人間発達文化学類」では，人間の発達に関わる質の高い人材を育てるために「人間発達」と「文化」とを相互に関連させながら，「発達」と「文化」についての専門的な学識を身に付けさせる。

③ そのために人間発達と文化の多様性を深く理解すること，人間発達の視点から文化を理解し創造する担い手となること，発達支援の実践的な力量を育成することを重視する。

④ 「人間発達文化学類」は三つの専攻で構成され，「第一専攻（人間発達専攻）」では幼稚園，小学校，養護学校の教員免許が，「第二専攻（文化探究専攻）」では中学校（高校）の国語，英語，数学，社会，家庭の教員免許が，そして「第三専攻（スポーツ・芸術創造専攻）」では中学校（高校）の音楽，美術，保健体育の教員免許が，それぞれ取得できるように位置づけられている。

⑤ 学外では様々な経験を積む「体験的学習」を準備し，企画力や創造性を育成する。そのためにもボランティア，自然体験，ワークショップ，施設体験教育実習など多分野にわたる実習科目を準備する。

日本における教師教育は，戦後日本における教員養成の理念と原則である「大学における教員養成」「開放制教員養成」を踏まえ，なおかつ国立大学において実施されてきた〈教員免許必修課程〉という「計画養成」課程の中で蓄積されてきた「目的養成」の視点と方策をも位置づけることによって，「国立大学法人」はもとより，「公立・私立」大学においても教師の専門的力量の向上に寄与することが期待される。

まさに新しい「国立大学法人」は，従来の「教員養成学部」にとどまらず，以上に述べたような「目的養成」の視点・方策を自らの中に位置づけて，個性豊かな新しい教師教育をそれぞれにおいて創りだし，教師の専門的力量向上に寄与していく必要がある。

エピローグ
――国公私立対等平等な個性ある教師教育への創造を――

1 教育実践力の形成と教師教育の創造

はじめに――教師教育における教育実践力形成を捉える視座

　戦後日本における教員養成は，戦後出発時の理念である「大学における教員養成」原則と，「開放制教員養成」原則（教職課程設置を前提とするすべての大学に開かれた教員養成）を踏まえて展開してきた。ただしこの戦後初期の理念は今日まで基本的には維持しているが，1958年以降においては「教員養成学部」（戦前師範学校の後身）は新たに「免許必修・目的養成」学部として新展開し，その新展開をどう位置づけるかは今日においても研究課題として継続している。

　1958（昭和33）年中央教育審議会（中教審）は「教員養成制度の改善方策」について答申するが，ここでは戦後教員養成においては「単に資格を得るために最低限度の所要単位を形式的に修得するという傾向が著しく，このため……職能意識はもとより教員に必要な学力，指導力すら十分に育成されない実情」にあり，しかも「義務教育の教員の育成に当っている国立大学においても，教員を育成するという目的が必ずしも明確でなく」，それゆえに「国は教員養成を目的とする大学を設置」することを提言した。この提言がまさに「免許必修・目的養成」学部設置の提案となっていく。

　この提案が実現するのは，1966（昭和41）年4月においてであり，それは当時の国立「教員養成学部」の大学名・学部名を一律に「教育大学」「教育学部」に変更するという措置によって実現することになる。

　なお，この戦後教員養成において「免許必修・目的養成」学部が成立したこ

とと，戦後教員養成の2大原則との関係についてであるが，「大学における教員養成」に関しては守られているし，「開放制教員養成」に関しても必ずしも停止されているわけでもない。しかし，なにゆえ「目的養成」は国立「教員養成学部」に限定されるのか，また「目的養成」がなにゆえ「免許必修」とセットになるのかはまだ問題として残されているように思えるし，そもそも「目的養成」とはどのようなものであるのかも，小論の課題である教育実践力の形成とも関わって検討すべき課題である。

そしてこれも小論の課題である教育実践力の形成とも関わることであるが，以上の「答申」には「教員の資質の向上を図るためには，その一環として現職教育についても十分な施策が必要であり，また教員の社会的地位の向上が必要である」とも述べられていて，教育実践力の形成の問題は，単に教員養成にとどまらない，現職教育にまで視野が広げられていて，まさに教師教育の視野から教育実践力形成の問題が展望されていたといえる。

ところで筆者が基本的視座の問題として指摘したいのは，上記でも指摘したように1958年の中教審「答申」以降に形成されてきた「免許必修・目的養成」路線そのものの再吟味の問題であり，さらに言及するならば戦後教員養成の「二大原則」を踏まえて新たに「免許選択・目的養成」制を提起したいということである。

したがって教員養成においても現職教育においても，さらに国立「教員養成学部」のみならずいわば「開放制学部」も含めて，そこにおいて「目的養成」というものがどう位置づくのかという問題意識を踏まえて，教育実践力の形成問題に対処することも重要ではないかということである。

(1) 教育実践力の形成をどう捉えるか

一般に教師の質は「専門的な知識・技術といった能力の側面と，責任感や奉仕の精神といった人間的資質の側面の二面」で論じられるが「後天的に養成が可能であり，教師が自主的・主体的に，実践の中で形成・向上しうる力」という意味を踏まえて「力量」という用語を使用する論者もいる[1]。

それに対してこの「力量」という用語は「とくに教師について使用すべき必然性が乏しい」し，「『形成』という用語が付加されて『力量形成』として使用」されると「自己形成」と「他者等による形成」の両面が不明瞭になるので，「職能発達」という用語を使用する論者もいる[2]。

なお 1998（平成 10）年教育職員養成審議会（教養審）第一次答申では「二十一世紀の教師のあり方と教師教育のあり方」について提言し，「教師の資質能力」を「専門的職業である『教職』に対する愛着，誇り，一体感に支えられた知識，技能等の総体」であるとして，「資質と呼ぶべき部分」と「この部分に支えられた知識，技能等の部分」に区分している。

小論で与えられたテーマの教育実践力もこの「教師の資質能力」にほぼ重なるものとして捉えたいが，教育方法学研究においては「授業力」をこの教育実践力として捉えることも可能である。教育方法学会第 28 回大会では「授業力」という用語は「たとえば板書のうまさだとか，発問や指示の適切さといった授業技術力のみをいうものではない。それらは授業を成り立たせる上で大切な要素であることは否定しないが，今，それらの土台となる教材選択や教材解釈，また授業化にあたっての子どもの状況の把握などをふくめた総合的な力をあらわす概念」として使用されており，「ふつうは教師の教育力と言われる内容を指す」が「あえて授業力という言葉を使おうとするのは」，教師の教育力が集中的に発揮されるのは「何よりも授業という場」だからとしている[3]。

(2) 教員養成における教育実践力の形成──大学の「場」で形成する

先に述べたように教員養成における教育実践力の形成を考える場合に，教員養成が「教員養成学部」と「開放制学部」の二つのタイプに形式的には区分され，どちらかというと前者がこの形成にきめ細かく対応し，後者が免許法基準にそって一応の対応をしていると捉えられがちである。そして前者においては，この教育実践力の様々な内実づくりに努力し，その中でたとえば「教員養成大学・学部としての独自な専門的な『学』のあり方」を追求する立場から「教育実地研究」の構想と実際を生み出す実践が生み出されている。まさに「目的養

成」としての教育実践力形成への実践である[4]。

　また近年，大学における教育実践力形成の「場」としての大学にあらためて注目することによって「教師としての成長の基礎をつくる」ことの再認識がなされつつある。ここにおいては上記のような二つのタイプに共通する大学という「場」そのものへの着目がそのポイントであるが[5]，このような観点だけでは上記の「目的養成」としての教育実践力形成の実践的価値は見出すことはできない。むしろその共通するものの中から，いわば「目的養成」的実践としての価値を見出し，「教員養成学部」の免許必修制からのみ導き出さないような新たな教員養成という方法意識が必要なのではなかろうか。まさに教員の目的的養成のきめ細かな実践を踏まえる中から，「教員養成学部」からも「開放制学部」からも「目的養成」としての実践が見出されるのではなかろうか。

　その時には，おそらく単なる免許必修制とは異なる新たな「免許選択・目的養成制」に基づく教育実践力の形成がなされつつあるのではなかろうか。

　私の体験からしても，単なる免許必修制システムだけでは「目的養成」の内実は必ずしも保証されるものではなく，むしろ「開放制学部」の中においてもその教員集団の共同の事業の如何によっては「目的養成」の内実が創られつつあるのではなかろうか。このような「場」においてこそ，小論のいう本来の教育実践力が形成されつつある[6]。

(3) 現職教育における教育実践力の形成——自主的主体的に高める

　現職教育における教育実践力を捉える場合に，最も傾聴すべき観点は「日本では，これまで伝統的に，教師は養成教育や再教育を通じて『つくられる』という考え方が支配的であった。……教師個人が，自主的・主体的に教師としての力量を高めることを基本に据えて力量形成のしくみを構築するという発想は微弱であり，基本的には国家や任命権者の理想とする教師像を描き，養成・採用・研修の各段階で，教師たちをその理想像に近づける努力が続けられてきた。すなわち，教師の力量形成をはかる主体は行政当局であり，教師個人の主体的な力量形成はその補完物にすぎないということである」というところからもう

かがえるように，本来の現職教育においては「教師個人が，自主的・主体的に教師としての力量を高める」(7)という観点こそ必要である。

この観点こそ，とりわけ現職研修における教育実践力の形成においても留意すべきことであり，だからこそ教師自身の授業研究の意義が明確になってくる。たとえば2008年刊行の『授業の研究　教師の学習』においては，教師の授業研究の目的として①「授業の改善」，②「教師の授業力量形成」，③「授業についての学問的研究の発展」がまず明示されているが，ここでは教師の力量形成は教師の自主的主体的な学習・研究と結合して捉えられている(8)。

このような教師の自主的主体的な学習・研究を，教師教育における教育実践力の形成と関わらせて捉えることも重要な観点であり，その点でたとえば新潟県上越教師の会が長年「サークル活動」を積み重ねてきていることも，教育実践力の形成の一つの方法として銘記しておきたい(9)。

(4) 教師教育の新たな課題と教育実践力形成の課題

長尾十三二氏は教師教育の課題に関わって「二〇世紀の後半には，teacher training という言葉に代わって teacher education という言葉が一般化した。わが国でも，教師の力量形成を生涯の課題とみなす立場から，養成，採用，現職研修の過程を包括する「教師教育」という用語が定着してきている。そして教師教育の内実を，大学における教育学教育として捉え，この教育学教育を充実させることによって教育学そのものを学問的に高め，教職を真に学問的な職業とすることが目指されている」と述べ(10)，さらに「実践的指導力」については，「(臨教審)答申は教師に対して『実践的指導力』を期待しているようである。……これらの諸提案は，大学における教職専門科目の履修の意味をまったく無視したものであり……(このような「実践的指導力」の強調は)容認することはできない」「理論的基礎を欠いた『実践的指導力』の導入(は)……けっして教職への信頼を高めるゆえんではない」と述べている(11)。

「免許必修・目的養成制」大学・学部に関しては長尾氏の「教育系大学院には例外なく博士課程まで設置すべきだと考える」「単独の教育大学は博士課程

をもつ総合大学を指向すべきである」「(新構想教育系大学院は)同じ道を選ぶか，研修施設に徹するか，いずれかにすべきであろう」という主張からみて，このような「免許必修・目的養成」大学・学部は廃止し，本来の教員養成は，「教育学教育」を柱として(教育学科・教育学専攻の設置を)進めるべきことを提案していると捉えうる[12]。

　このような新しいシステムの中においてこそ教育実践力のいわば基礎が形成され，ひいてはそれは教師の自主的・主体的学習としての現職教育の中でも形成されていく。

　ところで以上のような新しい教師教育システムの課題と関わって，現在文部科学省において現行の教師教育実践の，いわば弱点を衝くような新しい科目の導入が決定され提起された。それが「教職実践演習」の導入である。本科目導入は，一方では「免許必修・目的養成」の下での「目的養成」実践があり，他方で「開放制教員養成」の下での「開放制養成」実践がある中で，小論のテーマである教師教育において教育実践力の養成をどう位置づけ，どう系統的に教育するかの課題が提起されていると受けとめたい。

　この「教職実践演習」(2010年度以降の入学生が4年次後期に履修する科目)については文部科学省発表資料において次のように記されている。

　　「教職課程の他の授業科目の履修や教職課程外での様々な活動を通じて，学生が身に付けた資質能力が，教員としての最小限必要な資質能力として有機的に統合され，形成されたかについて，課程認定大学が自らの要請する教員像や到達目標等に照らして最終的に確認するものであり，いわば全学年を通じた『学びの軌跡の集大成』として位置付けられるものである。学生はこの科目の履修を通じて，将来，教員になる上で，自己にとって何が課題であるかを自覚し，必要に応じて不足している知識や技能等を補い，その定着を図ることにより，教職生活をより円滑にスタートできるようになることが期待される。」

　ここにおいて「全学年を通じた『学びの軌跡の集大成』」として位置づけられること，「課程認定大学が自らの要請する教員像や到達目標等に照らして最

終的に確認するもの」と説明されていることに注目したい。ここには，筆者のいう「目的養成」の観点が，まさに大学自らの責任において位置づけられることが示されているからである。教育方法学研究者，教師教育学研究者の共通の課題として主体的に受けとめる必要がある。

2　開放制目的養成論と免許選択目的養成

(1)　「大学における教員養成」論の初心と務台理作発言

筆者は「まえがき」において戦後教育改革期の教育刷新委員会における務台理作発言は筆者の考える〈開放制目的教員養成論〉に近いものと述べた。それは，この発言は筆者の捉える「大学における教員養成」論の初心に関して極めて簡潔にその精神及び制度について発言されているからである。なおこの発言は「教員養成は総合大学および単科大学に教育学科を置いてこれを行う」(1946年12月26日教育刷新委員会総会) という原則（【資料4】参照）に基づく具体的な教員養成制度を検討するために設置された第八特別委員会 (1947年3月14日設置) におけるものである[13]。

その発言のポイントは教員養成のためには従来の師範型とは異なる，開放制による大学における教員養成が必要となるが，しかしそのための大学は「実際の現場に立って働くような技術を持った人間をすぐつくるということではなく，できるだけ一般的な教養を身につけることができるような方向をとっておる大学が望ましい」「文科理科というような，学問としても古い歴史を持っておるそういう学科を大体の内容にするような大学が望ましい」としたことである[14]。

ここには，次の三つの考えがその基底に据えられている。

① 「教員養成といいますと，従来のように政府とか，国家が上から一つの目的を持っていて，その目的を命令の形で押し付けてきて，大変窮屈な形で画一的に行うものだというような考え方が能く行われるのでありますが，こういう考えは一擲していかなきゃならない」こと

② 「社会自身がこの教育の主体になって，そうして学校を自分達の後継者のために責任を持って作らねばならぬというように考えていくことが

非常に望ましい」こと
- ③ 「学校も自分達が作るのだから，教師のことも自分達で十分に考えよう，こういうようにならなければ，教員養成の問題は根本的には考えられない」こと

その上で注目すべきことは，以上を踏まえて「大学における教員養成」には「或型の養成機関」が必要だと述べていることである。この主張は「教員養成機関を特設する必要がない」という一見矛盾する主張と並行してなされているものであるが，以上二つの主張を以下に整理する(15)。

まず後者の「特設する必要がない」という意見の第1点は従来の師範教育は画一的で沈滞し反動思想にも利用されやすいということ，第2点は何も特別の訓練は必要ないし，師範出の特権は打ち破らなければならないことである。

そして「或型の養成機関」を必要とする理由については，以下の4点があげられている。

- ① 「数量の上から普通教育の教師に対して人材を確保することがどうしても必要だということ」。
- ② 「よい教師になるためには，教師としての訓練が必要である」ということに関わって「訓練が必要である」がこれは「大事な教授の内容を変に料理して本当の味を味わわせないと能く言われるようなそういう旧式の教授方法のことではない」。「教育はどうしたって創意的でなけりゃならぬ。そういう創意をやはり技術化して，効果を挙げるようにしていくことが今後の教育にとって大事であろう」。
- ③ 「再教育のためにも」「或型の養成機関」が要る。
- ④ 「或型の養成機関」として「教育科学の相当の改造」を含み，「文科，理科を内容としまして，教師としての教養について本当に教育的な注意の能く払われたような新しい大学」を考え，その大学からは「広く社会の色々な層に向かって卒業生が自由に出ていく」し，とりわけ「良き教師を作ると同時に，良き学者を作るということ」も両立し得る。

以上の務台理作発言は，戦後初期の「大学における教員養成」を大原則とし

て確認しつつ教育刷新委員会が1946 (昭和21) 年12月26日の第17回総会で「教員養成は総合大学及び単科大学に教育学科を置いてこれを行う」という原則を決定したことを，さらにどう具体化するかという課題に対応するものとして注目すべきものである。すなわちこの発言は一方で「師範型」(閉鎖制) 教員養成を否定しつつ，他方で「開放制」教員養成を主張しつつも，その内実として「教師としての教養について本当に教育的に注意の能く払われた新しい大学」という，いわば「開放制目的教員養成」の主張が含まれている。

現在では，教員養成課程において必ずしも教育学科の設置を伴わない教職課程認定大学も存在するが，「大学における教員養成」論のいわば初心においては，教育学科もしくは教育学部（「教員養成学部」としての教育学部ではない！）を設置した上で，このような「開放制」の思想を含む教員養成があったことに注目すると同時に，ここには筆者の捉える目的養成論の思想が内包されている。

なお，このような「大学における教員養成」への出発の起点には戦前の師範学校における学生自身の，師範教育批判と，〈研究できること〉を柱とする新しい教員養成教育への要求が存在していたことを銘記すべきである。その点で巻末にある【資料1】の，1945 (昭和20) 年12月8日の京都師範学校学生大会での渋谷忠男の発言に注目する必要があるし，併せて【資料2】の全国師範学校生徒大会代表・渋谷忠男が1946 (昭和21) 年12月10日に文部大臣に提出した，師範学校における「研究生制度設置案」にも注目したい。

また教員養成論には教員養成後における，いわば教師自身の自己成長・自己形成ともいえるものが内包されるべきものであり，その点では上記の一教師である渋谷忠男の自己成長・自己形成の記録（1947年教師として出発し，1986年に退職するまでの，氏自身作成の「渋谷忠男年譜」。【資料3】参照）をこのような観点から参考にしてほしい。

(2) 「大学における教員養成」と「目的的計画養成」政策

　筆者は今日の免許必修目的養成学部としての「教員養成学部」の存在を前提とする開放制については，「大学における教員養成」の初心に基づく本来の開放制教員養成であるとは捉えていない。

　この免許必修目的養成学部としての「教員養成学部」とは，岡本洋三氏の捉え方に従えば「目的的計画養成」政策に基づくものであり，理念的には(1)養成の質についての政策的関与，つまり養成機関に対する政策と，(2)養成された教員の配置，教員の完全雇用政策，すなわち養成と雇用を連結する政策という二つの政策がともに充たされることが必須の前提条件であった。そして，この「目的的計画養成」政策はそこに政治的イデオロギー的意図を含まないとしてもその論理が現在の日本社会の基本的構造や憲法秩序に適合したものとして具体化できるかどうかははなはだ疑問であるとしている[16]。

　確かに，この「目的的計画養成」政策の論理は，その論理通り完結させようとすると，岡本氏も指摘するように，教員の需給関係を支配する社会的原則—職業の自由という憲法上の原則に関わる問題となるし，このような大学・学部のみを優先的に採用させることになれば開放制教員養成の原則に関わる問題にもなる。

　したがって現実の展開においては，完全な「閉鎖制養成」には踏み切れなかったが，その点では，岡本氏も指摘するように現実的な「計画性」とは「予想される需給量」にはなはだしく不足が生じないように下支えすることにあり，「基幹的な資質を持つ教員の一定の供給を確保することによって，教職の水準・向上を図る意味を持つもので」，養成の総量はむしろ「過剰な養成」を想定するものであろう。

　以上のような「目的的計画養成」政策の実現は，1958（昭和33）年の中教審答申を起点とし（【資料5】参照），その具体化は1966（昭和41）年4月以降の「教員養成学部・大学」としての教育大学・教育学部設置以降である。ただし上でも述べたように，現実には完全な「閉鎖制養成」にまで具体化されなかったにせよ，「免許必修目的養成」の「教員養成」学部・大学が成立することになる。

ところで「開放制教員養成」論者である岡本氏が，「目的的計画養成」政策の批判を踏まえて，他方で「目的養成」に関して次のような5点にわたって述べていることに注目したい[17]。

① 「教員養成教育の『目的の自覚』の強調が，しばしば大学教育の本質にそぐわないものと意識され，忌避されるのは，従来，また現在においても政策的に提言され，あるいはそれを支持する目的大学論が……目的大学を『非大学化』する『格差・選別』的内容を持っているからである。しかしあらためて言うまでもなく，教員養成を行なう大学・学部が『教員養成を目的とする』こと自体が問題ではない[18]。」

② 「教員養成は社会的に極めて重要な仕事であり，戦後改革のなかで『大学における教員養成』の原則を確立したことの意義は大きい。教員養成の仕事を自覚し，充実するという意味で，教員養成に係わる学部が教員養成を『教育目的』において意識することはむしろ必要である。開放制の原則のもとで『教員養成を固有の目的とする』大学・学部があることも，それは大学・学部の自由であり，意義を認めることができる[19]。」

③ 「『教員養成を目的』とするという大学・学部の規定自体に問題があるのではなく，それが大学・学部の主体的な『自己規定』であるのか，制度的に強制された規定であるのか，特に『教員養成を目的とする学部』に対して，『教育学部は教員養成のみを目的とすべきだ』という観念それ自体，またそれに基づいて教育学部に加えられる制度的規制が，問題なのである[20]。」

④ 「現実に，『教員養成の目的』の強調のなかで展開されている否定的事実に対する批判において，それが教員養成政策に必然的に生ずる問題であることの認識が，教員養成に対する消極性をつくりだすことになっていたのではないか。それはまた目的大学的発想への潜在的嫌悪感も影響していると思われるが，『開放制』の理念を教員養成目的の大学を原則的に排除するものという理解がやはり根強くあった。そのことは「教員養成教育」の理論的・実践的な質的充実に消極的な雰囲気と無関係ではないだろう[21]。

⑤ 「一般大学・学部においては『学部の教育目的』との内在的関連において

『大学教育としての教員養成教育』を実施する発想がなかなか生まれてこないのは，一般学部における教員養成教育の実践的な困難さが理由であると思われるが，以上のような『開放制』や『教員養成教育』の理解にも支えられているように思われる。そして一般学部における教員養成の実態として，免許法の基準を形式的に充足することをもって足れりとする傾向が多いことが，『開放制』への批判を強め，教員養成への法的規制の強化へと向かわせるという悪循環を生み出しているのではなかろうか(22)。」

すなわち岡本においては，一方で1958年中教審答申（免許必修目的養成）に基づく，目的養成論については厳しく批判しつつも，他方では「一般学部における教員養成の実態として，免許法の基準を形式的に充足することをもって足れりとする傾向が多いこと」に対する批判意識を踏まえて「教員養成を行う大学・学部が『教員養成を目的とする』こと自体が問題ではない」とも明言しており，その点では開放制教員養成における〈目的養成〉への問題意識と方法意識は岡本「開放制教員養成論」の中にも存在していたと捉えたい。

なお岡本氏が「教員養成を行う大学・学部が『教員養成を目的とする』こと自体が問題ではない」と指摘したことに関わって，たとえば福島大学教育学部において全国一律に「学芸学部」から「教育学部」に名称変更がなされた後に，〈目的養成〉の主体的認識の確立ともいえるような教授会決定が1977年になされていることは注目すべきである（【資料6】参照）。

(3) 戦後開放制教員養成における〈目的養成〉の位置と新たな可能性

① 「目的的計画養成」政策と〈目的養成〉への主体的認識

戦後日本における開放制教員養成論は，いわば戦後教員養成の2大原則である「大学における教員養成」原則と，「開放制教員養成」原則に支えられて形成され発展してきたが，ここにおいて，目的養成の実践は岡本洋三氏のいう「目的的計画養成」政策（免許必修目的養成）によってその政策に基づく実践のみがあたかも目的養成の実践であるかのような実態を生み出してきた。

したがってそのような実態の存在のゆえに，国立「教員養成学部」としての

福島大学教育学部が，全国の国立「教員養成学部」において初めて免許必修制を廃止したことをもって「教員養成を捨てた！」というような受けとめがなされ，そして文部省（当時）からも「免許必修制を廃止した場合，教育学部という名称はなじまない！」と指導されることにもなった。しかし，その「人間発達文化学類」と名づけられた新学部は「免許選択目的養成」学部として新たな教員養成学部の宣言をしたのである。なおここには先に指摘したような〈目的養成〉の主体的認識の確立（1977年教育学部教授会決定）がその前提としてあったことに留意する必要がある。

　ただしこの宣言は一般的には必ずしも教員養成関係者，大学関係者の大方の理解を得られておらず，その状況は現在にも継続している。ただ本学部の位置する福島県及び福島県民においては理工系学部を創設するという大学改革の経過を踏まえてなされたこの新たな教員養成学部の宣言については一応認知されていることは銘記すべきことである。

　国立大学が新しく「国立大学法人」として再出発している今日において，国立大学法人のみならず，公立大学法人，私立大学＝学校法人においても教員養成学部や教職大学院を設置するような状況を生み出しているが，そのような状況下においても教員養成をどう受けとめ，どう〈目的養成〉に対して主体的に対応するかという点でいえば，先に岡本洋三氏が指摘していたような「免許法の基準を形式的に充足することをもって足れりとする傾向」を必ずしも打ち破られているとはいえず，したがって「教員養成学部」においても，いわゆる「開放制」学部においても，大学・学部の主体的立場から，いかに教員養成における〈目的養成〉を自らの課題として位置づけるかが依然として重要な課題として継続している。

② **教員養成カリキュラムにおいて〈目的養成〉を位置づける視点**

　今日，中教審答申を踏まえて「教職実践演習」という科目が大学における教員養成の，いわば総まとめ科目として設置されたが，このことは以上において述べた大学・学部の主体的立場から〈目的養成〉を自らの課題として位置づけうる，一つのチャンスである。というのは，この科目は今までの教職系科目と

は異なり，教職系科目受講の学生が個々の教職科目を単に積み重ねていくことによって教員免許を取得していくという原理ではない，個々の学生の教職科目の〈学びの履歴形成の道筋〉を統括するような原理を兼ね備えていると筆者は捉えているからである。

　したがって「教職実践演習」という個々の学生の教職科目の〈学びの履歴形成の道筋〉を統括するような科目は，単に4年次後期設置の科目としてのみ位置づけないで，1年次から4年次までの教職科目の〈学びの履歴形成の道筋〉にも位置づけうるような機能を併せ持ったものとしてその基本性格を捉えることによって，まさに大学・学部の主体的立場から〈目的養成〉を自らの課題として位置づけることが可能となるのである(【資料8】参照)。

　したがってこの科目も含めて教職科目の学びを「免許法の基準を形式的に充足することをもって足れりとする傾向」を温存したままで受けとめるならば，決して今日の大学における教員養成の質的充実・強化にはつながらないであろう。その点で，教員養成カリキュラムを〈目的養成〉の論理にかなうようなものとして機能し展開させるためには，その教員養成カリキュラムがいかなる論理と構造を有するべきものであるかを検討することも重要である。

③　教員養成カリキュラムの3層構造の意義と問題点

　さて，戦後日本における教員養成カリキュラムは一貫して3層構造のもとに展開されてきた。それは第1に「一般教養領域」層，第2に「教科専門領域」層，第3に「教職専門領域」層であり，このことについてはかつて杉山明男が1961年の時点でアメリカ教育使節団報告を踏まえて次のように述べている[23]。

　　「教師養成の仕事は大きく三つの分野から構成されるべきである。まず第一は一般教育ないし人間教育であって，国語その他のコミュニケーションの手段の習得，文学や芸術の鑑賞を含む現代文明の理解，近代の世界における科学の地位についてのある程度の知識，および近代国家の市民が直面している経済的・政治的諸問題についてのある程度の理解がこれである。

　　第二は，教科に関する専門教育であって，やがて教授すべき教科教材についての特別な知識が要求される。小学校教員の場合には，この分野は広

汎であり多様であるが，上級学校教員の場合には，それが順次専門化される。

　第三は，教職に関する専門教育であって，教員はその仕事の専門的な側面についての知識を持たねばならぬ。比較教育史および教育の社会学的基礎について，教員がそこで教える学校の組織について，さらに児童に関する実験と経験によって，もっとも有効と認められた指導方法について，知らねばならぬ。この教職教育には，児童や学校の観察および実習を含ませるべきである。」

　この勧告によって，1949（昭和24）年以来，教員養成のしごとは国・公・私立の各大学において行われることになり，そのカリキュラムも使節団の勧告の線に沿って構成されることになった。すなわち教員養成のカリキュラムは，一般教養科目，教科専門科目，教職専門科目の三つに大別され，この三つが生きた人格の中に統合されて望ましい教師の人間像が育成されるという考えに立って，教員養成のカリキュラムが作成されることとなった。

　しかしこの教員養成カリキュラムの3層構造を踏まえて実施されている「教育職員免許法」基準に基づく教員養成カリキュラムには次のような弱点があったと，杉山は当時の扇谷報告を受けて述べている。すなわち大阪学芸大学教員の扇谷尚が「学芸大学は学生にいかなる専門的支柱を身につけさせようとしているのか，この点が不明確である。カリキュラムが教員免許法に規定する単位取得を中心に構成されていて，卒業生は，教師の職務の遂行上，専門的に知的道徳的に成熟したことを意味するかわりに，免許状のさだめる単位を単にすませたにすぎないという傾向がつよい。大学自体が，教職の専門的性格を高めるための先駆的創意的実験的な試みを統一的におこなっていないためである」[24]と述べたことを受けて，「教員養成のカリキュラムの実状が外的に規定された教員免許状の単位修得を中心に構成されていることは，はっきりしてくるし，このような形態のカリキュラムによっては大学四年間を通じて，果たして教師たるに必要な資質を養成することができるかどうか，多くの疑問を持たざるをえない。」

そして、さらに「以上は主として外面的な形式の分野にかかわることがらであるが、内容の面からみても検討すべき多くの問題を持っている。さきにものべた……（三層構造カリキュラムは）現実的には、この三者は相互に密接に関係しあっているとはいい難い。……一般教育は、教員養成にかぎっておこなわれるのではなく……大学全体の問題としても論議されなくてはならないし……教員養成のなかでの一般教育の内容をさらに細かく考えていくことが重要」と問題提起する。

加えて教職教養と専門教養に関わって「一般的にいって、次のような考え方が、大学において支配的である。それは、教師は教えるべき専門の教科についてのみすぐれていれば、すぐれた教師になることができるという考え方である。この考え方は、一面において正しい意見である。教師は何よりもまず子どもたちに可能なかぎり真実を教えていかなくてはならない。そのために、かれが真実を深く知ることは教師としての義務であり、教授の前提条件である。しかし、重要なことは、教師は、自分が獲得した真実を子どもに伝えると同時に、子どもたちの頭脳に定着させなくてはならないし、子どもたち自らが主体的に知識を獲得する活動を指導しなくてはならないのである。かれは一時間の授業を通じて、『何を』『いかに』教えるかを子どもの発達を考慮にいれながら、自分で考えていかなくてはならないのである。……教員養成のしごとの重要な力点は、以上にのべたように、専門的知識を教育科学とどのように結びつけていくかという広義の教職教養におかれなくてはならないと考えられる。……（その点からいって）教員養成の教育内容の中核をなすものは、教科教育学だといってもけっしていいすぎではない。……教科の専門教育と狭義の教職教養とは、教科教育学を橋わたしとしながら結びあわされていくときに教員養成の正しい方向が確立されていくことになるであろう。」「教育実習が教員養成のどの部分に位置づけされていくのか、実際のところ未解決であるといってもよい。……教育実習は、大学教育の理論的学習を実践の場において検証すべきものであると思う[25]。」

すなわち杉山は、今から50年前に、教員養成カリキュラムの3層構造は戦

前の師範教育から転換して大学における教員養成カリキュラムとして成立したことの意義をおさえつつ，この三層構造カリキュラムがいかにして新しい教員養成（教師養成）のカリキュラムとして実を結ぶかという問題を提起していたのである。筆者がその点で，とりわけ教員養成カリキュラムの問題として確認しておきたい問題は，第１に３層構造における教科専門科目と教職専門科目との統一的運営の核（コア）としての〈教科教育学〉が十分位置づいていないという問題，第２に教育実習が教員養成のどの部分に位置づけされていくのか実際のところ未解決であるという問題，第３に一般教育は大学全体の問題としても論議すべき問題あるとともに教員養成の中で一般教育の内容をさらに細かく考えていくべきであるという問題である。

筆者は，本書で「広義」と「狭義」の教科教育学という観点を提起したのはこの杉山問題提起に応えようとするものであるが，その際に重視すべきことは，ここで述べられている個々の教科教育学は，一方で当該の教科専門科目（教科を支える基礎学問・文化）と深い関わりを持つとともに，他方で個々の教科教育学総体を支える教育方法学・教育実践学へと視野を広げてその充実発展にいかに関わるのかということである。

④ 〈目的養成〉にかなう「教育職員免許法」科目カリキュラムの主体的捉え直し

まず〈目的養成〉の論理についてあらためて確認すると，この論理について筆者は次のように捉えている。すなわち教師を取り巻く今日の問題状況と課題を見据え，さらに児童・生徒の教室現実及び心身の発達現実を踏まえて教師としての自らの課題と責任を自覚し，教師としての知識と技能・技術を系統的に学習し深めることを通して，教師としての資質と能力を成長・発達させていく筋道として捉えている。

たとえば教育職員免許法施行規則の基準にしたがえば，中学校一種免許状を例とすると「教職に関する科目」として第１に「教職の意義等に関する科目」２単位，第２に「教育の基礎理論に関する科目」６単位として「教育の理念・歴史・思想」（２単位）・「生徒の心身の発達及び学習の過程」（２単位）・「教育に

関する社会的・制度的・経営的事項」（2単位），第3に「教育課程及び指導法に関する科目」12単位として「教育課程の意義と編成方法」（2単位）・「各教科の指導法」（4単位）・「道徳の指導法」（2単位）・「特別活動の指導法」（2単位）・「教育の方法及び技術」（2単位），第4に「生徒指導・教育相談・進路指導の理論と方法」（4単位），さらに「教職実践演習」2単位，「教育実習」5単位として，合計31単位を修得することになっている。

そして「教科に関する科目」として，たとえば社会科を例とすると「日本史及び外国史」「地理学（地誌含む）」「法律学，政治学」「社会学，経済学」「哲学，倫理学，宗教学」という五つの領域からそれぞれ1単位以上，合計20単位を修得することになっている。

しかし，以上の各領域の「教職に関する科目」と，各教科の専門領域の「教科に関する科目」をそれぞれ教員免許取得希望学生が，単に寄せ集め・積み重ねるだけであるならば本書において強調している〈目的養成〉の論理にかなうカリキュラムの展開となっていない。その点で，ポイントとなるのは，一方では教職専門科目がどれほど教師を取り巻く今日の問題状況と課題を踏まえ，児童・生徒の教室現実及び心身の発達現実を踏まえてカリキュラムが展開しているかということであり，そこに教育実習・教育現実がどう有機的に位置づけられているのかということである。

そして他方では教科専門科目がどれほど以上の教職専門科目（とりわけ教科の指導法科目）と関わらせてカリキュラムが展開され，そして教育実習・教育現実がどう有機的に位置づけられているのかということである。

この二つのポイントは，一言でいえば大学において学習する諸科目が，教職専門科目と教科専門科目としてそれぞれ独自な学習を展開するとともに，いかに両者が関連づけられて学びうるかということであり，そのことによって学生自身の教職意識の深化・発展が今日の問題状況と関わらせながら実現していくことにあるといえよう。

なおこの両者の関連づけにおいて重要な役割を果たしうるのが，「広義」と「狭義」の教科教育学という観点である。

そして以上のような学生自身の教職意識の深化・発展において決定的な位置と役割を果たしうるのが，言うまでもなく大学教員の諸科目の教育と指導にあり，その教育と指導を制度的に保障するものが，今回新設された「教職実践演習」であるが，その中で教科専門科目担当者と教職科目担当者がどれほど連携・協力をなしうるのかが課題となる。

　またこれは，先に引用した杉山問題提起の「教育実習が教員養成のどの部分に位置づけされていくのか，実際のところ未解決である」ということと関わって，筆者はこの教育実習がとかく教科の教育に関わる実習になり，その点でまさに教科教育学や教育方法学の「実践の場」での検証ともなるのであるが，教科外の実習（生活指導領域・特別活動領域等の実習）もとりわけ教育学専攻の学生・院生の教育実習において一定程度位置づけることも必要であると考えている。

　なお，かつて教育職員免許法に位置づけられていた学校経営等に関わる指導主事・管理職の免許取得に関わる教育実習も今後の現職教育としての大学院教育の課題として残していきたい。もちろん現在もこの種の専攻コースは出現しているが，そのことを含めて今後の現職教育としての大学院プログラムの課題として提起しておきたい。

　⑤　大学における理論と実践の融合の二つの形態
　　　——「教員養成」と「現職教育」

　今日，「教職大学院」の設置によって，大学における教員養成及び現職教育における「理論と実践の融合」という用語がクローズアップされている。先に引用した杉山明男が今から50年前に教員養成カリキュラム論において「教育実習は，大学教育の理論的学習を実践の場において検証すべきものである」という提起した問題の今日的表現であると捉えうる。ただ今日ではこの用語によって教職大学院において「現職経験者」を位置づけることが必須の事項となったことが新しい特徴として指摘できる。

　確かに「現職経験者」を位置づけうるような大学教育や教員養成・現職教育は意味のあることであるが，より本質的な問題は教育学研究（教育心理学研究含む）がいかに「現場経験者」と有機的に結びつき，価値ある教育学研究・教科

教育学研究を創りうるかであろう。その点で「理論と実践の融合」という用語の安易な使用には警戒したい。

ところで，大学における理論と実践の融合の形態としては，筆者は教員養成における「理論学習」形態と，現職教育における「理論学習」形態として，二つのものを区別して捉えている。

第1の「理論学習」は，まさに3層構造の教員養成カリキュラムの，いわゆる「理論」学習を踏まえて教育実習に臨み，そしてその教育実習の「反省的」「省察的」学習によって自らの教育実習を総括するというものである。今日の「6年一貫制教員養成」論における「プラス2年」の「教育実習」とは基本的にはこのような位置を占めるものとなる。

それに対して第2の「理論学習」は，現職経験（学校現場の実態）から見た「教育問題」の事例を踏まえて行われるものであり，その「教育問題」の事例の「反省的」「省察的」学習は新たな理論研究への問題提起となると同時に，教職の専門性の内実を新たに付け加えるものとなる。今日の現職教員が行っている大学院における「理論学習」がこれに当たるものであり，「4年一貫制教員養成」に加えた「プラス2年制修士」学習（さらには「プラス3年制博士」学習）ともなりうるものである。

(4) 開放制目的養成論と免許選択目的養成

本書は戦後教員養成の2大原則―「大学における教員養成」原則と「開放制教員養成」原則―を踏まえて，〈目的養成〉理念の新たな展開を行うことを基本課題として設定し，このような課題と方法意識に沿っていくつかのテーマのもとに論じてきた。

とりわけ長く，いわゆる「教員養成学部」に勤務し，実践と研究を進めてきた立場から，1958年中教審答申以来の，〈免許必修目的養成論〉については上記の戦後教員養成の2大原則にかなうものかどうかという疑問を持っていた。

ところがプロローグで述べたように，2000年代に入って，地方国立大学「教員養成学部」が自然科学系学部創設と結合して〈免許選択目的養成〉方式へと

いう自主的改革を進めた際に，文部科学省の指導（というよりも教員養成系大学・学部間のほぼ共通の「常識」）として，〈免許必修〉から〈免許選択〉へと変更した場合は「教員養成学部」ではない！　という認定がなされるような状況が依然として存在している。

ただ2007年12月1日発行の東京学芸大学教員養成カリキュラム開発研究センター「ニュースレター第1号」で，以上のような〈免許必修〉の「教員養成大学」「教員養成学部」について，教員養成史研究者である岩田康之氏は次のような説明をしている。

　「教員養成課程を置く大学，およびそれを含む学部。文部科学省高等教育局専門教育課教員養成企画室（旧・教育大学室）の管轄下にある。教員養成課程では，教員免許状取得が要件となっており，2005年3月まで定員は政策的に抑制され（総定員，初等・中等の比率等），義務教育段階の教員の安定供給の役割を担わされてきた。学生が4年間で免許を取って卒業するのに必要な単位数は最低124であり，一般大学の学生がオプショナルに教職課程を履修する場合（通常150程度）に比べて少ない。このため教員養成課程が必ずしも質的に優れた教員の養成に結びつかないという逆説も生んでいる。教育組織は学問分野ごとの「学科」ではなく，取得免許状ごとの「課程」「コース」を単位とし，また実習校・研究協力校としての附属学校の設置が義務付けられている。」

この説明の中に「この教員養成課程が必ずしも優れた教員の養成に結びつかないという逆説も生んでいる」という指摘や，「教育組織は学問分野ごとの『学科』ではなく，取得免許状ごとの『課程』『コース』を単位とし」という指摘に注目しておく必要がある。ここにはこの学部・大学は必ずしも「優れた教員の養成に結びつかない」ことが率直に指摘されている。今後の「教員養成学部」論の新たな展開が望まれる。

筆者はまさに「優れた教員の養成に結び」つけるための基本的視点として〈目的養成〉の視点を提起し，その制度的枠組みとしては「免許選択目的養成制」システムを，内容的保証の体系としては「目的養成カリキュラムの具体的展開」

を，という開放制目的教員養成論について論じてみたのである。

この「目的養成カリキュラムの具体的展開」のカギとなるのは，このカリキュラム展開において，教員養成に携わる教員・職員が従来のような「個々の教職科目を単に積み重ねていくことによって教員免許を取得していく」という原理ではない，「個々の学生の教職科目の〈学びの履歴形成の道筋〉を描きうる」ような原理を，いかに実践をも踏まえて理論的に確立するのかということであろう。

以上のような開放制目的養成は，国立「教員養成学部・大学」はもちろんのこと，国公私立のそれぞれの大学においても，まさに個性的・創造的につくりあげるべきものであろう。その点で，2009年5月に新たな出発をした〈東京地区教職課程研究連絡協議会（東教協）〉（前東京地区教育実習研究連絡協議会（東実協））という組織が国公私立の教職課程設置大学によって構成され，「開放制免許制度のもとで，教育実習の充実及び改善のために必要な共同研究，情報交換，連絡協議等を行」い，「教育実習を含む教職課程全般の改革についての研究協議会の開催」をしていること等は注目すべきことである（【資料9】参照）。

開放制目的養成を実現するためには，それぞれの大学法人においてどれほどその制度的財政的な保障がなしうるかが大きな課題となるが，その際にこのような公的ないわば全国民的事業に対して，様々なレベルからどれほど教員養成支援策がなされうるかは注目すべきことである。

注
（1）　佐藤幹男「教師としての力量を高める」（『講座教師教育学Ⅲ　教師として生きる』学文社，2002年）81頁
（2）　西穣司「教師の力量形成と研修体制」（同上書）219～220頁
（3）　橋本博孝「授業力をささえるもの」（『教育方法22　いま，授業成立の原則を問う』明治図書，1993年）15頁
（4）　権藤誠剛「大学における『教育方法学』教育の検討」（同上書）90～91頁
（5）　岩田康之「だれがどのように教師を教育するのか」（『講座教師教育学Ⅱ　教師をめざす』学文社，2002年）34～35頁
（6）　「免許選択目的養成制」の実践として筆者が見聞したウィスコンシン大学オークレ

ア校のものを一応イメージしている。この点については本書「補論3」参照。
(7) 佐藤，前掲論文，91頁
(8) 大島純「教師の学びの新しい可能性」(秋田喜代美他編著『授業の研究　教師の学習レッスンスタディへのいざない』明石書店，2008年) 48頁
(9) たとえば臼井嘉一「戦後社会科教育実践史における『上越教師の会』の位置と意義」(和井田清司他編『「上越教師の会」の研究』学文社，2007年) 10〜27頁参照。
(10) 長尾十三二「教師教育の課題－その歴史的考察－」(『教師教育の課題』玉川大学出版部，1994年) 100頁
(11) 長尾「教師の指導力と資質の向上について」(同上書) 224〜228頁
(12) 長尾「教育学教育の改革」(同上書) 201，206頁。
(13) 山田昇『戦後日本教員養成史研究』(風間書房，1993年) 46頁
(14) 同上書，54頁
(15) 同上書，54〜55頁
(16) 岡本洋三『開放制教員養成制度論』(大空社，1997年) 277頁
(17) 同上書，86〜88頁
(18) 同上書，86頁
(19) 同上書，86頁
(20) 同上書，87頁
(21) 著者注14例示——江幡裕「教育学部論の課題－目的大学論的な教育学部論からの離脱を求めて－」『教育学研究』54巻第3号，1987年9月 (同上書，87頁)
(22) 同上書，88〜89頁
(23) 杉山明男「教員養成のカリキュラム」(『岩波講座現代教育学18 教師』岩波書店 1961年) 145〜146頁
(24) 扇谷尚「『教育の真理』の探究－教員養成大学の内面的改革について」(『教員養成制度問題』大阪学芸大学教育研究所，1959年) 41頁
(25) 杉山，前掲論文，147〜152頁

あとがき

　本書を編みつつ筆者は目的養成教育実践の多様な展開を踏まえた「開放制目的教員養成論」の基本構図を私なりに描くことができたと感じている。

　本書で提起した「開放制目的教員養成」の全体像の特質について一言でいえば，今までの「免許必修」の校種別・教科別教員養成課程とは異なる「教員養成プログラム」の設定を〈学部の専門性〉に照応して行うものである。すなわちその〈学部の専門性〉とは「教職の専門性第1類型（教育学・教育心理学・幼児教育学・特別支援教育学）」「教職の専門性第2類型（狭義の教科教育学）」と「教科の専門性」という三つに分類して，「小学校」「幼稚園」「特別支援学校」教員養成プログラムは「教職の専門性第1類型・第2類型」という専門性に照応して制度設計し，それに対して「中学校」「高校」教科教員養成プログラムは，「狭義」と「広義」の教科教育学という筆者の論にもとづいて，「狭義の教科教育学」と，「各学問分野の専門性」に依拠した「広義の教科教育学（各教科内容の専門性）」という二つの専門性に照応して制度設計するというものである。

　以上のような，いわば免許選択目的養成プログラムは，数年前に「在り方懇」報告に沿って再編された山形大学「地域教育文化学部」や福島大学「人間発達文化学類」の中に形成されつつあり，ここにはかつての，いわゆる開放制教員養成プログラムの一部にみられる，問題ある教員養成を克服する新しい道筋を見出すことができるし，なによりも今までの免許必修目的養成プログラムそのものをさらに充実発展させる道筋も見出すことができる。

　最後に，本書の刊行にあたっては学文社の三原多津夫氏には多大なご支援をいただいた。ここに記して深謝したい。

　　2010年3月

　　　　　　　　　　　　　　　　　　　　　　　　　　　臼井　嘉一

資料編

1 「京都師範学校学生大会演説略案」〔渋谷忠男発言／1945（昭和20）年12月8日——男子部講堂〕
2 「初等教育研究生制度設置案」〔全国師範学校生徒代表・京都師範＝渋谷忠男が文部大臣に提出／1946（昭和21）年12月10日〕
3 「戦後教師の自己形成史」〔「渋谷忠男年譜」抜粋／2008（平成20）年3月作成〕
4 「教育刷新委員会総会採択・建議」〔1946（昭和21）年・1947（昭和22）年〕
5 「教員養成の改善方策について」〔中央教育審議会答申／1958（昭和33）年7月28日〕
6 「『教員養成学部』における主体的目的養成認識の成立」〔福島大学教育学部教授会決定／1977（昭和52）年10月12日〕
7 「今後の国立の教員養成系大学・学部の在り方について——国立の教員養成系大学・学部の在り方に関する懇談会報告書」〔抜粋／2001（平成13）年11月23日〕
8 「教職実践演習の進め方及びカリキュラムの例」〔文部科学省／2009（平成21）年1月11日〕
9 「東京地区教職課程研究連絡協議会会則・会員大学」〔2009（平成21）年5月23日〕

近現代〈教員養成史〉略年表

資料1 「京都師範学校学生大会演説略案」［渋谷忠男発言／1945（昭和20）年12月8日──男子部講堂］

　冷厳なる現国内情勢は情熱の士なれば涙を禁じ得ず。先輩同胞の血潮と代えし朝鮮，満州，支那，南方諸島，台湾，樺太，等等は彼等の霊魂を留めたるまま我々の掌中より去った。
　経済的に見ても祖国の数回の破産を見るもなお足らず。政治も米国の権威を借りて行うのみ。
　人口問題とこれに関連する失業問題を取り上げるも未だ一条の光すら見る事ができない。食糧問題は遂に我々の社会より道徳，人情を失った。結局高遠なる理想，真理より唯今食ふ事唯今の生活よりほか考へない動物的欲望のみの悲しむべき現状である。
　溺れたるものが一条の藁にでもすがりたい気持は現在の国民の気持である。今，食を与え，失業より救うものありとすれば正否も考えずそれがユダヤの世界制覇の陰謀であろうと他の如何なる陰謀なりとも諸手をあげてすがりつくであろう。其の上自由・民主・共産・国粋等々の思想数多の党の闘争は盲目の奔馬を放ちたる如し。天皇制に関する議論は紛争を極め天皇の戦争犯罪の世論は今や世界の世論となりつつある。
　私は祖国日本の危機を痛感する。祖国は地球上より影を没せんとするか否かの関頭に立つ。
　祖国日本は吾が親であり，吾が恋人である。親や恋人が死の淵に没せんとするとき，それを客観視した議論等して居る暇がありとすれば馬鹿としか言えない。我々は如何なる闘争も苦しみもいとわずこれを救はなければならない。いや己の掌中より離してはならない。
　かかる現在の情勢は古きものは死し青年の天下となりつつある事を示す。青年とは純なる熱情の持主である。教育界の腐敗は現在其の極に達した。有史以来の危機に直面しても何らなすべきすべを知らぬ悲しむべき教育界である。しかし腐敗せる土よりは雄々しく葦の萌出るを知る。我等こそその葦である。そして明日の青葉を茂らし美しき花を咲かせずば止まざるものである。
　しかしなほ苗殻を脱せずして葦は萌出まい。
　現在師範教育及教育界はかかる花に殻をかむっている。明日の雄々しき教育界を背おって立つ我々は先ずこの破かいが先決問題である。

一　奴隷的教育者よりの解放
　1　師範学校生徒の大学に於ける研究の道を開くべし
　現在師範学校生徒は高師，文理科大学以外の入学を禁じられて居る。これ等師範系の学校とは等しく俗に言われる師範型を脱しまい。奔馬の如く走っている現在の世界に於いて未だ小さい型にはまった教育者なれと言うのか。結局如何なる権力にも隷属する小さき教育者なれと言

うのか。世界情勢におくれたる教育者を作って大国民を作れと言ふのか。水にただよふ浮草の風のまにまに左右する如き教師なれと言ふのか。現在教育者（特に国民学校訓導）は政治屋の家来である。せめて教育だけは他にまかしてはならない。特に国民学校訓導は地方の柱となるべきものなれば広き立場に於いて自由なる学問をさせ、出来得れば外国に於ける留学の道も講ずべきである。
　2　義務年限
　師範学校に於いて型にはめられ教へる事もなくした「先生」と言ふ言葉を頂戴しトコロテンの様に押し出されたる訓導は、就職すれば義務年限なるものに強制的にしばられる。さてこれが済めば恩給なるものに釣られて教師の地位に留まるのである。かくて気力なく熱のなき形式的・職業的教育となり現在の状態をもたらした。

二　師範教育の根本的改革
　1　教師の改革
　○教師の質的改革
　教師の質は学校の質也。教師の熱は学生の熱也。教師の意気は学生の意気也。故に学識・人格共にすぐれたる教師ならざるべからず。
　○系的教師の排止
　師範系卒業教師が数を占め、学校を左右せる今日遂に師範型を脱するあたわず。文理大・帝大其の他の大学よりもその人を得て師とし、如何なる地位にあるも如何なる職にあるも、人たりを知らば講師として学ぶべし。かくて広き意気ある学園をきずくべし。
　2　基本科目と研究科目を深く研究すべし。
　3　教育研究室の設立（現訓導のため）
　一度訓導となれば学ばざる現状なれば、何を以って教育の振興をはかる事が出来よう。故に師範学校に教育研究室を設け、訓導を自由に研究させるべき設備を行ふべし。かくして師範学校は府下教育界の中心となり府下教育界を奮起さすべし。
　　　　　　以下略す

資料2　「初等教育研究生制度設置案」〔全国師範学校生徒代表・京都師範＝
渋谷忠男が文部大臣に提出／1946 (昭和21) 年12月10日〕

　教育制度改革の火蓋が切られると共に，現在の師範学校制度も又大問題となり改革さるべきは，亦当然の事なり。我等は吾人の切望する教育大学の実現に努力するも，その即時断行は実質的に困難なるを思い，其処に到達する過渡的準備段階として研究生制度の設立を切望す。
　形式的改革は我等の最も恐るべきところ，我等の真に目ざすものは速やかなる初等教育界の内容充実にあり。これなくしては教育立国を叫ぶも不可能なり。
　ここに教育大学の設立を空しくまつのみにては現在の初等教育界を救い得ずと考へ此処に研究生制度の設置を要望するものである。
一　研究生制度は明春より即時設置のこと。
一　現在の師範学校本科三年及国民学校訓導より選抜す。
一　現に制度に於ける最高学校 (各面) に置く。(内地留学的形式) (註－文理科は官立大学，体育芸能科は適当に定む)
一　派遣学校の決定は地域別に基く。
一　定員　都府県単位　20名
一　年限　一年
一　選抜方法　試験及び師範学校長又は国民学校長の推薦による。
一　俸給の全額給与
一　義務年限　加算
一　研究内容は専修科目と必修科目にわける。
一　研究生は終了後国民学校にかえるを以て原則とす。

更に師範学校生徒，国民学校訓導の資質向上を図るため明春より師範学校内に専攻科制度の設置を要望す。
　要項
一　定員　50名
一　選抜方法　希望者より選ぶ。
一　義務年限　加算

昭和21年12月10日
　　全国師範学校生徒大会代表
　　京都師範
　　　　　渋谷　忠男　印
文部大臣閣下

資料3 「戦後教師の自己形成史」=〔「渋谷忠男年譜」抜粋／
2008（平成20）年3月作成〕

西暦	年号	満年齢	経歴
1926	大正15 (昭和1)	0	・忠男誕生。4月25日、父渋谷實治郎・母きたの二男として京都府熊野郡田村字関707-1に生まれる。(長男辰治郎は大正12年5月に生まれたが、大正13年8月に死亡)
1927	昭和2	0～1	・丹後大震災。3月7日にマグニチュード7.4の地震が雪の丹後を襲う。
1928	昭和3	1～2	・父實治郎が4月1日、30歳の若さで死ぬ。(忠男1歳11ヶ月)
1929	昭和4	2～3	・母に連れられて、11月末から翌年3月はじめまで網野町小浜の「ちりめん屋長浜」に冬働きに行く。頼りにしている隣の小母さんが織手で冬働きに出るので、母も一緒にと頼まれて「飯炊き」に。忠男は女工さん達の飯台に飯を運ぶ手伝いをした。翌年3月帰るとき、3銭の給金を母に要求したという。村に着くと母の背中からとびおり、家に走って帰り、祖父に「まちの給金だ。おじいちゃんこれで酒のめ」と一銭。祖母に「これで煙草のめ」と一銭。「この一銭はまちが貯金する」と言って祖父のあぐらの中に入った。頑固者の祖父が一銭を神棚に供え、カシワ手をうって目をはらしているところに母は家に着いたのだという。
1933	昭和8	6～7	・4月、田村立関尋常高等小学校尋常科に入学。国語教科書「サイタ、サイタ、サクラガ　サイタ」になる。
1936	昭和11	9～10	・5月3日、祖父弥蔵死す。(76歳) 万延元年2月生まれ。新宅初代。忠男、子供用自転車で母の親元に飛脚に走る。 ・5月11日、忠男の渋谷家の家督相続を役場に届出。門札も渋谷忠男にかわる。
1937	昭和12	10～11	・村の青年の「兵隊送り」、中国での戦死者の「村葬」などが続き、ますます軍国少年として成長。
1939	昭和14	12～13	・田村立関尋常高等小学校高等科に入学。小学校高等科男児に柔剣道が課せられる。
1940	昭和15	13～14	・関部落の班長になり、天神講(子供の講)の賽銭をもとに天神様の社(子供の社)を建てることを提案、全員の賛成で、宮大工の中村さん(中村君のお父さん)が社をつくってくれた。社開きには大人も出て餅をつき餅まきも行われた。
1941	昭和16	14～15	・4月10日、京都師範学校予科に入学。寄宿舎「紫郊寮」に入寮。陸上競技部に入部。この年「大東亜戦争」開戦。
1943	昭和18	16～17	・学制改革により、1部5年、2部2年をそれぞれ1年延長し、専門学校令の適用を受ける。寄宿舎も学校に合わせて予科寮、本科寮に区別した。
1944	昭和19	17～18	・1月19日、祖母まき死す。(77歳) 明治元年、稲田林蔵二女として出生。明治23年9月、渋谷弥蔵と結婚。 ・忠男4月10日、京都師範学校本科にすすむ。 ・勤労学徒動員で琵琶湖干拓工事を始めるため安土に入る(本科1年生)。 ・渦潮会をつくり、同和教育の父伊東茂光先生の指導を受ける。

1945	昭和20	18～19	・7月6日，招集令状により京都師団管区輜重兵補充隊に入隊。(京都・伏見) 山から桧の木を切って帰り，父親の墓標を建てて出征。 ・8月5日，特別甲種幹部候補生として豊橋第1陸軍予備士官学校に入校。豊橋は腐臭と瓦礫の原。 ・8月15日，日本無条件降伏。 ・9月6日，帰休除隊。 ・12月8日，「京都師範学校学生大会」を男子部講堂に男子部・女子部の学生と学校長以下全教師の臨席を得て，会長として演説。①奴隷的教育者よりの解放②師範教育の根本的改革をその内容とする。
1946	昭和21	19～20	・6月15日付をもって兵役現役除隊。 ・11月末，全国師範学校生徒大会 (於東京第三師範) を開き，大会代表として「初等教育研究生制度設置案」を12月1日文部大臣に提出，要望する。
1947	昭和22	20～21	・3月，京都師範学校卒業 ・4月30日，京都府熊野郡組合立松江中学校に勤務。(新制中学校の発足)
1949	昭和24	22～23	・3月31日，京都府熊野郡組合立久美浜中学校教諭。(合併による) ・3月31日，結核による休職。休職中6月より郡内の青年有志に経済学を講ず。毎週1回，いつも盛況。 ・9月30日，復職。以後5年間気胸を続ける。
1950	昭和25	23～24	・熊野郡田村立田村小学校に転勤。ただちに「郷土室」をつくる準備をすすめる。
1952	昭和27	25～26	・アジア太平洋地域平和会議召集のアピール (3月21日付) が宋慶齢・郭沫若等中国平和活動家諸氏より，アジア太平洋地域諸国国民にだされ，日本でもこれに呼応して500名ほどの代表候補が出，その中で正式代表を60名にしぼる。京都では末川立命大総長・田畑同志社大学長・柳宗黙万寿寺管長等18名の代表候補の中で，京教組代表の渋谷が正式代表へと決まる。(末川総長等の推薦) 東京の外務省交渉等を行ったが，外務省はパスポートを出さなかったため，丹後の地域では大騒ぎになった。なお北京では37ヶ国代表とオブザーバー378名で盛大に行われた。この時「日本国憲法」を地域の教育に活かしていくことが如何に大事業であるかを体でうけとめた。 ・9月24日，京都大学で，9月26日鴨沂高校で報告。26日夜，円山音楽堂で大山郁夫，末川博氏のあとに報告。
1953	昭和28	26～27	・1月，丹後3郡の平和組織をつくる準備会の結成に加わる。熊野郡平和を守る会 (仮称) 発足準備すすむ。 ・2月，村の教育委員会に「憲法に基く教育」をていねいに話す。 ・3月，田村小学校からの教師追い出し工作に対して，学級の親達が反対運動をおこし，とりやめになる。
1954	昭和29	27～28	・1月2日，熊野郡社会科研究会発足。 ・3月29日，忠男・きよ (中川きよ。父中川謙二・母うめの二女，小学校教師) 結婚式をあげる。 ・5月1日，熊野郡第一回統一メーデーを久美浜高校講堂で行う。 ・12月17日，長女直子誕生。
1955	昭和30	28～29	・1月1日，町村合併により，熊野郡田村を廃止し，久美浜町となる。 ・昭和30年度『教育研究集録』(熊野郡校長会発行，熊野郡教職員組合編) に田村小学校の「郷土資料に基く社会科の実践概要」を，熊野郡社会科研究会の仲間と調査した「湊の五軒家について」を発表。

資料3 「戦後教師の自己形成史」 139

			・久美浜町報（月刊）昭和30年6月より郷土史「私達の先祖の生活」1号の連載をはじめ、63号まで。ひきつづき「続私達の先祖の生活」1号の連載をはじめ46号までつづける。(昭和49年12月号まで)
1956	昭和31	29～30	・3月、郷土教育合宿研究会（本門寺集会）に出席し、桑原正雄氏宅に宿泊。
1957	昭和32	30～31	・3月30日、二女洋子誕生。 ・12月26日、北区教育会館での「郷土教育全国連絡協議会全国幹事会」（飛鳥山集会）に歴史・地理教育論争があり、「ヒマラヤの山実践」を発表する。
1958	昭和33	31～32	・勤務評定・管理運営規則反対二条城集会に丹後の全組合員と共に結集する。 ・11月、『郷土に学ぶ社会科』(国土社) を執筆。
1959	昭和34	32～33	・9月10日、『戦後教員物語（Ⅲ）』(三一書房) 分担原稿「子どもを犠牲にしない」を完成させ、発送。 ・10月23日鳥取県倉吉市、10月24日鳥取県米子市、10月25日鳥取市の研究会に、桑原正雄氏と講演。 ・田村小学校ではじめて一年生を担任する。一等賞事件。(文字を知らない子が頑張って教師にほめられていた。通知簿に1ばかりついていて「一等賞」と大喜び。友達がみて事の真相を知り、教師をにらみつけて通知簿をたたきつけ、雪の中を帰っていった。)
1960	昭和35	33～34	・「一等賞事件」のショックから、田村小学校に五段階相対評価を絶対評価に切り替える。 ・4月17日、郷土教育全国協議会の仲間が中心になって、奥丹後社会科研究会を発足する。 ・6月、雑誌『生活と教育』20号に「塩原集会に期待すること」を執筆。 ・8月、分担執筆した、勝田守一編『戦後教員物語（Ⅲ）』刊行。 ・10月、雑誌『生活と教育』21号に「いわゆる卵実践の問題点について」を執筆。 ・11月16日、三女文子誕生。 ・12月、雑誌『生活と教育』23号に「宇治集会への招待」「子どもの問題意識と教師の指導性と」を執筆。
1961	昭和36	34～35	・網野チリメン屋女工（織物労組）がストライキをうつ。教え子達の要求に対して、丹後の教師も支援。 ・学力テストでピケをはって反対する教組に対して、地域やPTAは行政の指示により消防団の放水まで行って、ピケ隊（教師）に立ち向かった。反対運動は、結局最前線では親と教師が立ち向かわされることになる。この問題を渋谷は昭和27年のアジア太平洋平和会議の体験で一足先に体験し地域教育の問題として把握していた。
1962	昭和37	35～36	・久美浜町が「学校整備方針」を発表。(1高校・3中学・8小学校を、1高校・2中学・4小学校に）これに地域教育の立場に立って反対の決意を固める。
1963	昭和38	36～37	・1月14日～15日、郷土教育西日本集会を開く。 ・4月、久美浜町立久美浜小学校に転勤。 ・10月、郷土教育全協、10月の定例委員会で民教連脱退を決める。
1966	昭和41	39～40	・6月22日、京浜地区の学校を見る。明星学園では寒川道夫・無着成恭と会い授業をみる。阿部進の幼稚園をみる。

			・7月,雑誌『生活と教育』86号に「郷土教育運動15周年を迎えて『東京印象記』」を執筆。 ・11月,雑誌『生活と教育』90号に「桑原先生への手紙」を執筆。
1967	昭和42	40～41	・教職員組合の教文部長に立候補し,「教研三原則」を中心とする「教育研究方針」を発表。久美浜小学校での久美浜町の「父母教研」には,90名の教師に対して,父母が250名集まる。 ・2月,雑誌『生活と教育』93号に「学習の記録・太平洋戦争」を執筆。 ・8月,奥丹後社会科研究会で丹後の集団離村第1号の竹久僧の本格的な調査を行う。 ・12月25日,「郷土全協関西のつどい」久美浜に集まる。
1968	昭和43	41～42	・久美浜社会科研究会は,町教委がモデルとして視察した但馬の但東町の学校統合を,現地に入って徹底的に調査し,報告書を地域に発表する。 ・小学校統合の矢面に立つ田村で,9月「田村地区くらしを守る会」を結成し,12月「田村地区学校統合反対村民大会」で町長に抗議する。 ・12月,雑誌『生活と教育』115号に「人間を大切にするーということ」を執筆。
1969	昭和44	42～43	・学校統合で学校がなくなろうとしている田村で,一分部落に一分農民組合が結成され,一番遠い三原部落が中心となって,道路整備の「浦明・岡田線期成同盟会」を結成。府の山田副知事が三原に来る。 ・平林教育長が誕生し,久美浜支部教研の参加も研究出張になる。
1970	昭和45	43～44	・7月,川上小学校実態調査運動をはじめる。区長会・公民館・PTA・学校・老人会・婦人会・青年団・農協・機業組合・農民組合…等諸団体が加わる。調査運動とは「自分達が問題を出しあい,自分達が調査分析し,自分達が方針をもって取り組む運動」であると位置づけた。委員会に立命館大学の馬原鉄男氏も参加。実態調査運動は盛り上がり,二学期に入った頃には川上小学校校区の各分野における諸問題が,地域住民の前に明らかにされた。
1972	昭和47	45～46	・10月,雑誌『生活と教育』161号に「学校統合反対の運動(その1)」を執筆。 ・11月,雑誌『生活と教育』162号に「学校統合反対の運動(その2)」を執筆。
1973	昭和48	46～47	・川上地域布袋野の飯室家文書の中に,当家の飯室岸蔵が中心となり,自由民権運動の流れの中で「川上青年研智会」をつくり,積極的な活動をしていたことが明らかとなった。この資料を整理しながら,その伝統が川上地域の中に残っていることを知る。 ・教育方針は本年度から卒業生により印刷製本され全育友会員に配られ,それをもとに年度末に総括会議が開かれた。 ・5月,雑誌『生活と教育』168号に「学校統合反対の運動(その3)」を執筆。 ・8月,伊ヶ崎暁生編『子どもの学習権と学校統廃合』(労働旬報社)に「学校統合に立ちむかう住民運動の成長」を執筆。
1974	昭和49	47～48	・6月4日,郷土教育全国連絡協議会会員を止める。昭和49年6月4日付で桑原正雄氏に連絡し,その中で,新たに全国の仲間と地域教育運動をすすめ,早急に関西で独自の集会を開くことを伝えた。 ・10月7日,母きた死す。(76歳) ・11月23日,川上小学校創立百年を祝う記念祭が行なわれた。記念誌の中に飯室岸蔵らの「川上青年研智会」ものせる。記念祭には村人による歌舞伎芝居も行なわれた。

資料3　「戦後教師の自己形成史」　141

1975	昭和50	48〜49	・『久美浜町誌』に「沿革編」を執筆。
1976	昭和51	49〜50	・4月、「地域と教育の会」(事務局長池井保)をつくり、4月25日、会の機関誌『地いきと子ども』創刊号を発行。 ・4月、雑誌『地いきと子ども』創刊号に「主張　地域にねざした教育とは何か」を執筆。 ・7月、雑誌『日本の民間教育』に「自主編成の視点と教職員集団」を執筆。 ・「第1回地域と教育の会全国研究集会」(8月3日〜4日、於京都教育文化センター)。〔基調提案〕「①現実から逃げない運動である。②自分達の地域を自分達で建設する運動である。③仕事にうちこんでいる人と手を結び、そこから学びとる運動である。④形骸化とたたかう運動である。」と。〔報告〕嶋祐三(青森)、笠松浩二(和歌山)、石垣久雄(沖縄・石垣)、杉本源一(京都)、溝内幸子(京都)、川口采子(京都)、伊藤是彦(東京)〔提案〕津田櫓冬。この集会で正式に会の代表となる。 ・久美浜町関区長に就任。田村保育所用地、田村小学校プール用地などをつくる。
1977	昭和52	50〜51	・4月、雑誌『地いきと子ども』2号に「〔農村教師の実践〕わかる学習について─具体の重み─」を執筆。社会科学習・到達度目標にふれて。 ・川上小学校「川開き」(8月2日)全児童が放流したアユを全児童がアユ取り。午後は親達のアユ取り。夜は校舎中庭でアユ料理の会食。 ・「第2回地域と教育の会全国集会」(8月6日〜7日、於京都・北桑田郡府立ゼミナールハウス)。〔講演〕「土の教育論」。 ・川上小学校の親達の熱意が学校や行政を動かし、親達による手造りの米飯給食の食堂ができた。川上小学校の米飯給食は、全国で唯一パンを食べない学校となった。
1978	昭和53	51〜52	・6月、『地いきからの目　奥丹後の社会科教育』(地歴社)を執筆。 ・「第3回地域と教育の会全国集会」(7月31日〜8月2日、於京都丹後・教育会館)。〔基調提案〕「今日の課題と地域」〔講演〕「私の生きた道」丸岡秀子〔実践報告〕「版画を通して子どもを語る」坂本小九郎〔フィールド・ワーク〕「過疎とたたかう丹後半島」 ・第3回民主教育全国交流集会(8月25日〜27日─丹後峰山教育会館)の実行委員。
1979	昭和54	52〜53	・2月3日、大阪「大東市教育講座」講師。2月11日、滋賀県八日市の教育講座講師。3月18日、立命館大衣笠校舎「全国セッツルメント学生集会」で話す。3月13日、京都教育大での「全国教育系学生ゼミ」に出て話す。 ・3月21日、小学校の出角子供会「つくし文庫」開設(古いバスを利用)。祝賀の式に招待を受ける。 ・4月1日、京都府中郡峰山町立長岡小学校長に就任。 ・6月11日、家永教科書裁判第19回口頭弁論(東京高等裁判所第5民事部)に家永側証人として出廷し、証言を行なう。 ・8月17日より約1週間、丹後の教師達とシベリアの幼児教育を視察。(ハバロフスク・バイカル湖周辺等…) ・9月7日、長岡小学校教職員全員・東京和光学園と交流。8日、岐阜県中津川の小学校と交流。 ・10月、雑誌『教育実践』に「川上小学校教職員集団の形成」を執筆。 ・11月5日、丹後教育研究所発足。副所長就任。54年度研究活動を提起。(経過報告、川戸利一)

1980	昭和 55	53〜54	・11月29日，長岡小学校新校舎建設予定地に10m〜20mの断層があり，町は京都の設計事務所に三階建に変更することを伝える。28日，この情報をつかみ，29日地域の「長岡小建築促進委員会」を開いてもらい，二階案は可能であることを説明する。 ・12月2日〜12月10日にわたり，教育委員会・町長に対し学校と地域住民で検討した校舎配置図を，12月11日夜，区長・地区推進委員長・PTA会長・校長が最終案を確認する。 ・12月12日，郷土教育全協の前委員長桑原正雄氏の死去の報を受け，13日夜のお通夜に東京世田谷のお宅にかけつける。 ・12月20日，雪の中，地域と教育の会の12月定例会を丹後半島の山奥集団離村の村に老爺と老婆だけ住む家で行い，本年度の総括を行う。
1981	昭和 56	54〜55	・高度技術社会に入り生活の空洞化がすすむ中で，小さいときに生活の原型的体験をさせておきたいと思い「米作り」「蚕を飼って糸をとる」…等々の実践を行う。以後「教育原型論」として発展さす。
1982	昭和 57	55〜56	・12月，奥丹後社会科教育研究会編『地域に根ざす社会科の創造—奥丹後の教育—』（あゆみ出版）に「地域に根ざした社会科学習とは何か」を執筆。
1983	昭和 58	56〜57	・峰山町立丹波小学校長に転任。 ・機関誌『地いきと子ども』の他に，月刊『地いきと子ども通信』（8ページ）を発行する。（創刊1月15日） ・地域と教育の会で「人体表現」をとりいれる。 ・5月22日，西津軽教育講座の講師。帰途象潟に寄り宮原伸二氏の農村診療所の活動をみる。 ・第8回地域の会全国研究集会で大会総括を行った「子どもたちに最高の教材を，子どもたちよ最高の生き方を」を「地いきと子ども」11号に発表。 ・7月1日〜3日，丹波小の全教職員と恵那・中津川の教育と交流を行なう。 ・「第8回地域と教育の会全国研究集会」（8月1日〜8月3日，於福井県小浜市・旅館福喜）。〔講演〕①詩人・十代の会，谷川雁 ②明通寺副住職，中嶋哲演。〔フィールド・ワーク〕「若狭湾にいどむ」 ・中学校教育実践選書10『教師のいきがいと教育運動』（あゆみ出版）に「変りゆく農村と教師たち」執筆。 ・小学校教育実践選書『ゆとりの時間をつくる』（あゆみ出版）に「学校教育と自律した学校—ゆとりある充実した学校をめざして—」執筆。 ・12月，京都新聞社編『私のすきな京都』（京都新聞社）に「久美浜」を執筆。
1984	昭和 59	57〜58	・2月，式内社研究会編『式内社調査報告 第十八巻 山陰道1』（皇學館大学出版部）に「意布伎神社」「伊豆志彌神社」「賣布神社」「衆良神社」「三嶋田神社」「聞部神社」を執筆。 ・5月，丸岡秀子著『いのちと命のあいだに』（筑摩書房）に「労働を軸とする教育者」を執筆。 ・7月，雑誌『地いきと子ども』12号に「低学年社会科『米つくり』」を長岡小学校の実践を例にあげながら「地いきと子ども」12号に執筆。 ・8月，雑誌『地いきと子ども』13号に「フィールド・ワークを大切にする地域と教育の会は，人体表現をも教育にとりいれようとしている」を執筆。

			・8月,雑誌『地いきと子ども』13号に「かわいいウサギは臭いしっこをたれながす」の小文を執筆。
1985	昭和60	58〜59	・4月,丹後校長会理事長に就任。〔丹後教育長会代表・安達光愛,奥丹教組委員長・川戸利一,丹後校長会代表の渋谷が,各々の職責に徹底し,真実の民主教育(公教育)を丹後の地に実現するよう堂々とわたりあうことを約する。〕
1986	昭和61	59〜60	・2月初旬,丹後校長会から「国旗・国歌の学校での扱いについて」(35ページ)を出す。 ・2月上旬,京都府連合小学校長会理事会に於いて「教育課程を編成して教育を行う」校長の責務を忘れてはならないと,行政からの国旗・国歌強要の現状ともかかわって30分にわたって論ず。 ・3月,丹波小学校に冬に咲く花「さざんか並木」をつくり,正門に春一番に咲く花「さんしゅう」を植える。 ・3月31日,丹波小学校長を最後に退職する。

資料4 「教育刷新委員会総会採択・建議」〔1946（昭和21）年・1947（昭和22年）〕

「教員養成は総合大学及び単科大学に教育学科を置いてこれを行う」という原則。（第17回総会。1946年12月26日採択）

「教員養成に関すること（その1）」原則。（第34回総会，1947年5月9日採択）（1947年11月6日建議）（11項目）
(1) 小学校，中学校の教員は主として次の者から採用する。（1．学芸大学，2．総合大学及び単科大学，3．高等教育専門教育機関）
(2) 高等学校の教員は主として大学を卒業した者から採用する。
(3) 幼稚園は(1)に準ずる。
(4) 盲学校，聾学校並びに養護教諭は(1)に準ずる。
(5) 現在の教員養成諸学校中，適当と認められるものは学芸大学に改める。
(6) 学資支給制，指定義務制は廃止する。
(7) 教員養成に当たる学校は官公私立のいずれとすることもできる。
(8) 教育者の育成を主とする学芸大学の前期修了者は小学校教員となることが出来る。
(9) 教員養成制度が充実するまでの応急処置として現制度の大学・専門学校卒業者が多数教職につくなどを文部当局に希望する。
(10) 教員の再教育については組織的制度を設ける。
(11) 教員養成資格に関しては別に考慮する。

「(その1)」原則(8)の解釈に関する声明。（第8特別委員会第9回委員会，1947年6月13日採択）

「小学校教員，中学校教員共に学芸大学4年の課程を修了することを原則とする。只暫定的措置として前期2年の修了者を教員とする。」

「教員養成に関すること（その2）」（第41回総会，1947年10月3日採択）（1947年11月6日建議）（5項目）
(1) 教員検定の方法（一定期間教諭試補として実務につかせ免許状授与）
(2) 教諭試補期間
　教職課程を履修せざる者に実務につかせ，免許状授与する件は，履修せざることも認めるものと誤解されるので，原則として教職課程履修者であることを明確にする。
(3) 音楽・美術・体育・家政・職業等に関する高等学校・専攻科の卒業者は(1)に準ずる。
(4) 教員検定委員会（都道府県に設置し，検定する。）
(5) 助教諭の資格は高等学校卒業以上とする。

資料5 「教員養成の改善方策について」〔中央教育審議会答申／1958（昭和33）年7月28日〕

文部大臣　灘尾弘吉殿

中央教育審議会会長
天野貞祐

教員養成制度の改善方策について（答申）

　本審議会は，教員養成制度の改善方策について，特別委員会を設けて審議を行って得た結果に基き，総会においてさらに慎重に審議し，次の結論に到達しましたので答申いたします。

記

　教師は教育に対する正しい使命感と児童生徒に対する深い教育的愛情とを基盤として，世界的視野に立った人間的国民的一般教養を備えるとともに，社会の進展に即した専門的知識と児童生徒の教育に即した教職教養を有しなければならない。しかもこれらの知識教養は自主的人格のうちに統合され，教育に対する全体的な識見，情操を高めうるものであることが必要である。

　したがって教師としての職業は，高い教養を必要とする専門職業であり，その資格の付与は，これらの要請に十分にこたえうるよう周到な配慮の下に行われなければならない。

　戦後教員の養成は，旧制度の弊にかんがみ大学においてこれを行うという方針を確立し，教育職員免許法に定める所要の単位を履修した者に対してはすべて教員の資格を与えるという開放的の制度をとったのである。

　しかしながらその実施後の状況をみるに，開放的制度に由来する免許基準の低下と，制定当時の教員需給の関係等による級別免許状制度の採用とにより，単に資格を得るために最低限度の所要単位を形式的に修得するという傾向が著しく，このため教育実習等教員に必要な教育が名目的に行われる場合も少なくない。その結果教員たらんとする者に対してもその職能意識はもとより教員に必要な学力，指導力すら十分に育成され得ない実情にある。

　また，主として義務教育の教員の育成に当っている国立大学においても，教員を育成するという目的が必ずしも明確でなく，免許法の欠陥と相まって，教員を育成するに必要な教育が十分には行われず，また設置当初の事情から教員組織，施設設備もきわめて不十分であり，その形体についても，教員の育成のための統一ある教育を行い難いものもあり，

他方教員の需給も十分な計画の下に行われていないため混乱を生ずるにいたっている。

専門職業としての教員に要請される高い資質の育成のためには，教員の養成を大学において行うという方針を堅持すると同時に，開放的制度の下におけるこれらの欠陥についてはすみやかにこれに改善を加え教員の育成のための体制の整備を図り，その教育基準を確立しなければならない。特に義務教育の任に当る教員については，その資質の向上および基幹となるべき数の確保と配置の適正について遺憾のないよう，その組織を確立するとともに内容の整備充実について格別の措置を行う必要がある。

なお，教員の資質の向上を図るためには，その一環としての現職教育についても十分な施策が必要であり，また教員の社会的地位の向上が必要であることは論をまたないところである。

以上の観点から本審議会は教員の養成，免許および現職教育等の改善について次のような方策を定めた。政府は教員の資質がわが国教育の成果に重大な影響を及ぼすことに思いをいたしすみやかにこの方策に従って具体的計画をたて，所要の法的措置および予算措置を講じ強い決意をもつてその実現を図るよう要望する。

1．教員養成の基本方針

教員の養成は，国の定める基準によって大学において行うものとする。この基準に基き必要に応じて国は教員養成を目的とする大学を設置し，または公私立大学について認定する。さらに一般の大学で教員養成を行うのに適当であると認めるものに対して認定を行うほか，一般の大学卒業者で教職教育を欠いている者については，国家検定試験の道を講ずる。

義務教育学校の教員の養成については，その必要数を確保するよう国がその養成の責任をもたなければならない。

教員の資質の向上のため教員養成の一環として，現職教育は組織的に行われなければならない。

2．学校種別ごとに必要とされる教員の資質とその育成

教員に必要な資質としては，一般教養，専門学力（技能を含む。以上同じ。），教職教養の三つが要求され，しかもこれらが教師としての人格形成の目的意識を中核として有機的に統一されることが必要である。しかして教職教養および専門学力については，各学校種別によってその要請に相違がある。

(1) 小学校教員

小学校教員は，児童の教育に即する教職教養と全科担当の学力を必要とする。よって小学校教員の養成を目的とする大学で教育する必要がある。

（幼稚園教員については原理的にはこれに準ずる。）

(2) 中学校教員

中学校教員は，生徒の教育に即する教職教養と担当する教科についての学力を必要とするが，担当する教科については，一部に偏しない巾の広い学力が要求される。よって中学校教員の養成を目的とする大学で教育する必要がある。この大学は1教科担当の教員を養成するのが目的であるが，公立中学校教育の現状にかんがみ当分の間2教科担当の教員をも養成することができるように考慮する必要

がある。
　一方，担当教科のうちの一分野について高度の学力をもつ教員も要求されるので，これは主として一般の大学で育成されるものとする。
　(3) 高等学校教員
　高等学校教員は，生徒の教育に即する教職教養と特に担当教科，科目に対する高度の学力を必要とする。よって高等学校教員の養成を目的とする大学は必要であるが，現状では主として一般の大学で育成されるものとする。

3．教員養成を目的とする大学における養成
　(1) 目的・性格
　教員養成の目的を明確にした教育が行われるとともに，教育に関する学問的研究および教員の現職教育が行われる必要がある。
　(2) 教育課程等の基準
　教員養成の目的に即する教育課程，履修方法，学生補導，卒業認定および教員組織，施設設備等についての基準は国が定める。
　基準は，教員の質的向上が確保されるよう十分な専門的検討を経て決定される必要があるが，特に次のことに留意する。
　　(イ) 教育課程は，一般教育，専門教育，教職教育が有機的に結合されたものでなければならない。なお，教職教育のうちで教育実習を重視し，あわせて教師としての人格形成に留意すること。
　　(ロ) 必要な履修科目の内容，程度を明示すること。
　　(ハ) 附属学校は充実整備すること。
　　(ニ) 補導組織を確立すること。
　　大学は基準の維持向上につとめ，国はその基準の維持について必要な指導監督を行うものとする。
　(3) 教員養成を目的とする大学の設置と認定
　　(イ) 公立の義務教育学校教員の必要数を養成するため，国はその基準に基いて教員養成を目的とする大学(学部)を設ける。(教育大学(学部)と称する。)
　　(ロ) 公私立大学の学部，学科で教員養成を目的とするものは，国が基準に基いて認定する。国は必要に応じ，この基準に基いて，国立大学に教員養成を目的とする学部，学科を設ける。
　(4) 国立の教育大学(学部)
　　(イ) 養成対象とその範囲
　　　(a) 小学校教員
　　　　　公立小学校教員の大部分とする。
　　　(b) 中学校教員
　　　　　公立中学校教員の一定数とする。
　　(ロ) 形　　体
　　　(a) 単科大学または総合大学の学部とする。単科大学の場合は，視野が狭くならないよう留意し，総合大学の学部とする場合は，教員養成の目的を十分果しうるよう運営できる組織としなければならない。
　　　(b) 現職教育のための課程を設けるものとする。
　　(ハ) 配　　置
　　　地方教育行政の区分(都道府県)に従い，各区分ごとに1大学(学部)をおくことを原則とする。
　　　中学校教員については，教科によってはより広い地域に配置することができるものとする。
　　(ニ) 入学者選抜

(a) 人物考査を行う。
　(b) 高等学校において履修すべき科目を指定できるようにする。
　(c) へき地教員の養成等の必要を満たすため委託学生の制度を設ける。
(ホ) 奨学制度
　奨学制度を拡大し，十分な学費を貸与しうるようにする。その返還の免除についても特に指定した学校に就職した場合は，返還免除に要する勤務期間を短縮するなど特別の措置を講ずる。
(ヘ) 卒業者の取扱
　全員教員に採用されるよう措置する。そのために掲げる機関において調整を行うほか，卒業者に対し就職指定の制度を考慮する必要がある。
(ト) 養成数の計画および需給の調整
　(a) 養成数は，都道府県（広い地域を対象とするものはその地域）ごとの将来における学校種別，教科別の所要教員数，現在数および減耗率に基いて決定するが，その際教科および教育課程の基準などの推移，男女の比率等をも考慮しなければならない。
　(b) 教員の需給の調整その他教員養成について必要な事項を処理するため，文部省，都道府県教育委員会，教育大学の三者で構成する機関を設ける。
(備　考)
1. 国は高等学校教員のうち産業教育教員，芸能科教員等特に必要ある教員の一部および特殊教育教員の大部分の養成を担当する。
2. 高等学校の産業教育教員，芸能科教員等については，全国的な規模において数か所の国立大学にその養成のための学科（課程）を設ける。
3. 特殊教育教員については，国立の教育大学に特殊教育教員の養成課程を設け，普通免許状所有者中の希望者について養成することを原則とする。その期間は1年とし，養成数は各都道府県の需要数の程度とする。
4. 2．3の教員については，奨学等必要な事項について小中学校教員と同様の取扱をする。

4．一般の大学における養成
　一般の大学（教員養成を目的とする大学以外の大学（学部，学科））のうち教員養成に適する学科（専攻）については国が認定する。
(1) 基準および認定
　国は教育課程，履修方法，教員適格の認定，教員組織および施設設備等について基準を定め，これに基いて学科（専攻）を認定する。この場合，教育課程の基準については，教員養成を目的とする大学の教育課程の基準に準ずるものとするが，教育実習を要しない。
　大学はその基準の維持向上につとめるものとし，国はその基準の維持について必要な指導監督を行うものとする。
(2) 仮採用期間中の実習，研修
　認定された学科（専攻）において所定の単位を取得して卒業した者の教員採用については仮採用の制度を設け，仮採用された者に対しては，一定の勤務期間，所定の実習，研修を課するものとする。
(3) 養成対象
　中学校教員および高等学校教員とする。

5. 国家検定試験

一般の大学の卒業者で教職教育を欠いている者に対し教員資格を付与するため，国家検定試験を行う。

(1) 受験資格および試験内容

国家検定試験は大学卒業（小中学校教員については当分の間短期大学卒業を含む。）以上を受験資格とし，4の1に掲げる教育課程の基準の程度において教科に関する専門科目と教職に関する専門科目について試験を行うとともに教師としての適否の判定も行う。

(2) 仮採用期間中の実習，研修

国家検定試験に合格した者の教員採用については仮採用の制度を設け，仮採用された者に対しては，一定の勤務期間，所定の実習，研修を課するものとする。

6. 教員資格の付与

(1) 教員資格付与の態様

(イ) 教員養成を目的とする大学の卒業者には，正規の教員資格を与える。

(ロ) 一般の大学の認定された学科（専攻）において所定の単位を取得した卒業者および国家検定試験合格者には条件付の教員資格を与え，仮採用後，一定の勤務期間，所定の実習，研修を終了した後，正規の教員資格を与える。この実習，研修は国がその基準を定め，任命権者の責任の下に一定の計画をもつて行うものとする。この場合，任命権者はその指導組織を整備し，かつ実習，研修のため児童生徒の教育に支障を生じないよう配慮するものとし，教育大学等は任命権者と協力してその研修課程において実習，研修に当るものとする。

(ハ) 一つの種類の学校（教科）の教員資格を有している者が他の学校（教科）の教員資格を取得する場合は，学力検定により正規の教員資格を与えることを原則とする。

(備 考)

幼稚園教諭，養護教諭，特殊教育学校の教諭および産業教育担当教員の一部等については，必要ある場合は特例を設ける。

(2) 教員免許状

(イ) 教員免許状の授与の適正を期するため授与権者は国とすることが望ましい。

(ロ) 免許状の種類は，幼稚園教員免許状，小学校教員免許状，中学校教員免許状，高等学校教員免許状，養護教員免許状および特殊教育教員免許状とし，従来の1級2級の区別は設けない。ただし高等学校については現行どおりとし，また幼稚園については当分の間1級2級の区別を存置する。

免許状は普通免許状（終身有効），仮免許状（5年有効），臨時免許状（1年有効）とする。

(ハ) 普通免許状は正規の教員資格を有する者に，仮免許状は条件付の教員資格を有する者に与える。

(ニ) 高等学校教員普通免許状については，前項(1)の(イ)(ロ)による者には2級免許状を与え，2級免許状または仮免許状を有する者で，大学院に1年以上在学し所定の単位を修得した者は，2級免許状を有する者にあつては直ちに，仮免許状を有する者にあつては，一定の勤務期間，所定の実習，研修を完了した

後1級免許状を与える。
　(ホ)　中学校の免許状は各教科ごとに設ける。高等学校の免許状は，教科によつては科目別に設ける。
　(ヘ)　臨時免許状は現行どおりとする。
(3)　経過措置
　現行法による普通免許状を有する者の既得権を認め，教諭となることができるようにするとともに，次のことに留意する。
　(イ)　現行法による臨時，仮免許状を有する者は，その有効期間中既得権を認めるようにすること。
　(ロ)　法改正時の大学在学者に対しては，一定期間，現行法による普通免許状取得を認めるようにすること。
　(ハ)　現に免許状を受ける資格をもつている者に対しては，当分の間，学力検定の受験資格を認めるようにすること。
　(ニ)　現行法による免許状を有する者で新法による検定によつて新法による免許状を取得しようとする者に対しては，検定の受験資格，受験科目についての特例を設けるようにすること。

7．現職教育
　(1)　国，地方公共団体および大学の緊密な連係の下に充実した計画的現職教育を行うよう組織する必要がある。
　(2)　教育大学には研修課程を設け，継続的に研修が行われるようにするなど現職教育を制度化する。
　なお，教育大学以外の教員養成を目的とする大学にも研修課程を設けることが望ましい。
　(3)　現職教育を受けさせるための経費負担，教育に支障なきようにするための代替教員の配置などを措置する。

8．その他
　以上の改善方策を効果的にするため，次に掲げる措置を講ずる必要がある。
　(1)　教員の待遇改善と社会的地位の向上
　(2)　学級規模の縮小と教員定数の増加
　(3)　教育大学（学部）の教員組織の整備充実および教員の質の向上とその養成
　(4)　教育大学（学部）の施設設備の充実（分散施設の統合，教育実習施設・寄宿舎の充実等を含む。）

（付　記）
　教員養成を目的とする大学および教員養成を行うのに適当であると認める大学の認定は，適当な審議機関にはかつて行われるようにすること。

資料6　「『教員養成学部』における主体的目的養成認識の成立」〔福島大学教育学部教授会決定／1977 (昭和 52) 年 10 月 12 日〕

将来計画検討委員会
教育学部の将来計画を構想するにあたって
――カリキュラム検討の趣旨と提案――

Ⅰ　はじめに（課題意識にふれて）

　本学部の将来をどのように構想するにせよ，それは，現に今ある教育学部の改善から出発させなければならない。しかも重要なことは，将来構想の形を先に決めるのではなく，その内容，とりわけカリキュラムに帰着する諸問題である。本委員会がまずもってここに提起しようとするのは，このことである。

　教育科学の体系化の試みは，戦後にはじまったといっても過言ではなく，それを教員養成という制度の上に展開する試みはいまようやく緒についたにすぎないといえよう。本学においても，新制大学としての発足時（昭和24年），あるいは学部名称変更時（昭和41年）など，いくつかの画期を経過しながらも，その間幾多の改革がなされてきたとはいえ，大局的には，いまだ，教育学部とは何を研究（教育）する学部なのか，どのような目標にむかって研究と教育を統一していけばよいのか，についての学部全体としての方向性を，意識的・組織的に追求してきたとはいいがたい。そのため，一般教育定員と専門教育定員との区別もあいまいなままに経過したといえる。また，それは，長期にわたって専門教育，一般教育の教官数の適正配置を検討し，一定の結論を学内的には得〔て，再配置を実行しつつあり〕ながらも，そのなかに，ついぞ教育学部のあるべき目的・性格・カリキュラムの構成といった質点観点を媒介させて討議することなしに終ってきたことでも知られよう。

　とくに「一般教育の重視」は，本学では全学的に合意された伝統的理念であるが，教育学部にとって，それは専門教育・教職教育とどのような内容や関連をもって「重視」されねばならないかを具体的に検討し，それをカリキュラム体系の上に実現してきたとはいえない。

　以上のような課題意識にたって，教育学部の将来計画を構想する場合，
　1）その検討が要請されてくる要件を確認し，
　2）それが基づくべき基本理念をふまえ，
　3）まずもって，現行カリキュラムが含むさまざまな問題の摘出・再検討を要請し，その全体的議論のなかからこそ，将来学部の「形」が構想されるべきであると考える。

　しかも，このことを検討する・し・か・た・もまたきわめて重要であることと，当面は教育学部内での検討が先行するとしても，それは全学が教員養成に対して今後どのような責任と協

力の体制をしいていくか、という全学的位置づけの下に行なわれる必要があり、さらには、地域（当面は福島県）、とくに、教育行政〔当局〕、教育現場の実態・要求等との関連が、他学部の構想・検討の場合よりもいっそう密接であることを当初より視野に入れ、随時、その考慮を払っていく必要があろう。

Ⅱ　学部将来計画の検討を必要とする条件

　現在われわれは、学部増設の構想の実現のための検討を進めるのと同時に、他ならぬわれわれの学部、教育学部自体のあり方を、学部内外の状況・趨勢を考慮しながら真剣に検討しなければならない時期に際会している。カリキュラム改善の問題は、その中心的課題の一つである。

　教育学部が学部の主体性を確立し、その研究・教育において他学部との共同〔協同〕の体制を確立してゆくためにも、教育学部の性格が明確に打ちだされるようなカリキュラムの編成にむかって検討が開始されなければならないと考えるのである。このような教育学部の将来計画を基礎にして、さらにその上に大学院を構想する場合、本学部自体どのような問題が生じてくるか、概算要求中の「教育研究施設」とも関連させて、検討が必要である。

　いま進行中の学舎統合による問題（たとえば一般教育は〔画一的な〕全学共通形式だけでよいのか）のためにも、教育学部としての明確なカリキュラム編成が急がれる必要がある。

Ⅲ　将来計画検討の視点 —— 教員養成学部の基本理念 ——

　あらためてここに「基本理念」を掲げるのは、抽象論を繰り返すためではない。改組も含む本学部の改善作業は、国の教育政策の大枠のなかで、それともみあい、妥協もしながら遂行していく過程にほかならない。それだけに大学・学部としての「基本理念」を再確認しておく必要がある。

(1) 研究と教育の自由を確立し、研究と教育の統一を志向する大学において教員養成をおこなう（「大学における教員養成」という原則）。

(2) 開放された、すなわち総合大学における研究と教育の共同〔協同〕体制にもとづく教員養成をおこなう（通称「開放性」、むしろ「共同性・総合性」の原則）。

(3) 子どもの発達と学習を十分に充足するにふさわしい教員の養成をおこなう（国民の学習権充足の原則）。

　子どもが自主的に学び成長していく、そして自ら真実を追求する方法を身につけていく、そのような子どもが青年となって、その延長線上に次世代の教育を担う進路を選択するという仕方で、教職をめざしてくることが本来もっとも望ましいあり方である。それにこたえるような教育学部でありたい。

(4) したがって以上の「基本理念」をふまえた本学部としての教員養成観を、日常の研究・教育の具体的場面で築きあげていくことが必要である。

Ⅳ　本学部の研究・教育の内容の検討について —— 現行カリキュラム改善の方向 ——

〔趣旨〕

　上記の基本理念にもとづく教育学部の研究・教育の内容と体制を考えることは、具体的には、カリキュラムの改善の問題に帰着することになるであろう。

資料6 「『教員養成学部』における主体的目的養成認識の成立」

　本学部のカリキュラムは，基本的には教員免許法に則り，しかも本学部の教育・研究の理念を実現しうるものとするために，幾度かさまざまの改訂が行なわれて現行の形態に到達したものである。しかしながら，現在，われわれは，この長期にわたる研究と実践のつみあげられたものとしての現行カリキュラムについて，それが歴史的な経緯をふまえた一つの必然的な形態であることをみとめつつも，あらたな視点と姿勢にもとづいて，その改革のための検討にふみきらなければならない時点に立っていると考えるのである。

　われわれが教員養成学部のカリキュラムを考えるとき，その考え方の根本にあったものは，既成の学問体系であった。そのことが，たとえば，小学校課程のカリキュラム・授業を考えるときも，ややもすれば中学・高校課程の視点から考えがちであるというような傾向となるようなことがあったのではなかろうかと考えるのである。この点は教科によって事情のちがいがあるので，一概にいうことができないことは勿論である。

　小学校課程に視点を据えたカリキュラムの全面的検討が不可欠だと考えるのは，おおよそ，つぎのような理由からである。

(1) 従来，ここに視点を据えた検討が組織的にはなされなかったために，中学・高校課程への「従属的」カリキュラムが支配的となってしまった。

(2) 子どもの成長・発達・認識の歩みからいって，小学校課程のカリキュラムは中学・高校課程の基底であり，ここからの《積み上げ》として，中学・高校や大学の段階を考えることができる。

(3) 「積み上げ」という視点を入れることによって，この検討は，大学の一般教育等（高校からの「積み上り」としての大学）にも，新たな照射を与えることになろう。

(4) 総じて「視点」をここに据えるということは，学問（科学や芸術など）を，各段階の教育の「視点」から捉え返すということになる。したがって作業としては，「学問体系」の再編成から出発して，これを「教育体系」（→「科目」・「教科」の体系）へ組みかえるのであるから，小学校課程の教育内容の摘出は，もっとも困難な部分にあたり，この一連の作業の一番最後になるといってもよい。いずれにせよ，基底（当面は「小学校課程」としておく）までの下降的分析が不可欠である。

　このようなカリキュラム改善の方向は，教育学部を「目的大学」にしてしまうのではないかという疑問が生じるかも知れない。しかし，「目的大学」—それは教育行政サイドからの安上りな目的養成，計画養成観に立脚し，教員養成機関から研究機能を奪ってしまおうとするものである。—に反対であるということは，教育学部としてのあるべき目的性を明確にしない〔でよい，明確にすべきでない〕ということではない。むしろ，さきにあげた「基本理念」をふまえて，主体的に学部の目的をかかげ，それをカリキュラムの上にも確立することが，「目的大学」化への実質的な歯どめとなる。教員にならない学生でも，教育学部においては，原則として教職科目や教育実習を通じて，他学部では得られない学力・能力を習得することができ，そこに教育学部の特色もあるのである。

このことは，教育学部の教官をすべて教科教育等の教職の専門家に還元してしまう趣旨ではなく，「純然たる個別科学，個別芸術の専門家が存在しても，彼等が彼等の研究教育を通じて，人間の未来に責任を負う意識においてたしかであれば，少しも差支えないばかりでなく」，むしろ必要なのである（国大協「大学における教員養成」昭和52年11月，p.11）。

〔提案〕

カリキュラム改訂についての基本提案

1. 学問体系の視点から考えられてきた小・中高校課程のカリキュラムを，あたらしく教育体系の視点から再検討してゆく。

　教育体系の視点から考えるということは，皮相的な教育技術上の問題にとどまることではなく，各教科がそれぞれの領域・分野において，教育の科学の樹立をめざし，新しい方法を模索するということである。

2. 改善にあたっては，小学校課程のカリキュラムを基軸と考え，これを基点として，中学・高校課程のカリキュラム改革に進まなくてはならないと考える。

　つまり本学部のカリキュラムの基軸におかれるべきものとしての小学校課程のカリキュラムを構想するというところから出発したい。

3. 最初に，全教科・全教官の共通理解にもとづく基本的な理念と方法を確立し，つぎの段階では，各教科がその実情・実態に即して，しかも中学・高校課程としての「教科」や「科目」の枠にとらわれずにカリキュラムを構想し，最後の段階でこれを全体として統一的に編成するという手順をとりたい。

4. 各教科の検討の内容は，専門教育・教職教育・一般教育の三領域にわたり，「基本理念」に照らしてその相互関係，構造化，融合統一の方法の検討ということになるのではなかろうかと考える。

資料7 「今後の国立の教員養成系大学・学部の在り方について
——国立の教員養成系大学・学部の在り方に関する懇談会報告書」
〔抜粋／2001（平成13）年11月23日〕

1. 目　的

　現在，国立の教員養成系大学・学部に対しては，教育現場で生じている困難な課題や，今後の新たな教育課題に的確に応えられる，力量ある教員を養成していくことが求められている。

　このような社会的要請を踏まえ，長期的観点に立った国立の教員養成系大学・学部の在り方に関し，有識者による懇談を行う。

2. 懇談事項

　今後の国立の教員養成系大学・学部の在り方に関し
　(1)　学部の果たすべき役割について
　(2)　大学院の果たすべき役割について
　(3)　附属学校の果たすべき役割について
　(4)　組織・体制の在り方について
　(5)　その他必要な事項について

3. 実施方法

　(1)　別紙の有識者の協力を得て，上記2に掲げる事項について懇談を行う。
　(2)　必要に応じ，別紙有識者以外の者にも協力を求める。

4. 実施期間

　この懇談会の実施期間は，平成13年4月1日から平成14年3月31日までとする。

5. その他

　この懇談会に関する庶務は，高等教育局専門教育課教育大学室で処理する。

　※　本懇談会は平成12年8月28日から開催。

II　今後の教員養成学部の果たすべき役割
（平成13年11月22日，高等教育局専門教育課）

1. 学部の在り方

(1)　学部教育で身に付けさせるべき資質

　○　今後の教員に求められる資質能力については，教育職員養成審議会第1次答申「新たな時代に向けた教員養成の改善方策について」（平成9年7月）に詳しく述べられている。そこで述べられていることは，一般学部における教員養成にも該当するものであるが，教員養成の専門学部である教員養成学部には，特に努力が求められる事柄である。

　○　現在，学校現場には，前述したよう

な社会や学校を取り巻く大きな変化の中で，例えば次のような様々な課題が山積しており，これらに対する教員の果たすべき役割はかつてなく大きくなっている。
・ 自ら学び自ら考える力など「生きる力」の育成
・ 総合的な学習の時間，「ゆとり」の中での特色ある教育，心の教育の推進
・ 情報教育，環境教育，国際理解教育の推進
・ いわゆる活字離れ，理数科離れと指摘される状況への対応
・ いじめ，不登校，いわゆる学級崩壊への対応，カウンセリング・マインドの育成

○ 前述の第1次答申において，養成段階で修得すべき最小限必要な資質能力として「採用当初から学級や教科を担任しつつ，教科指導，生徒指導等の職務を著しい支障が生じることなく実践できる資質能力」をあげているが，教員養成学部に対しては，基本的な資質能力の育成はもちろんのこと，学校現場の様々な課題に取り組んでいくことができる力量ある教員の養成が期待されている。

(2) 教員養成カリキュラムの在り方
①体系的な教員養成カリキュラムの編成の必要性
○ 教員養成学部は，全教科を担任する小学校教員と10教科にわたる中学校教員を養成していることから，それに必要な各教科の専門科目，教科教育法（学）及び教職の専門科目が開講されており，他学部に比べ幅広い専門分野で構成されている。

○ 他方，教員養成の在り方として，教員養成学部内においても従来からいわゆる「アカデミシャンズ（学問が十分にできることが優れた教員の第一条件と考える人達）」と「エデュケーショニスト（教員としての特別な知識・技能を備えることこそが優れた教員の第一条件と考える人達）」との対立があり，それぞれの教科専門の教育指導の基本方針が，分野によりあるいは教員により違うという傾向がある。

特に，小学校教員養成において，わずか数単位である小学校の教科専門科目にどのような内容を盛り込むべきかという教員養成学部独特の課題についても，共通認識が薄かった面がある。そのことが，教員養成カリキュラムの共通の目的性に欠け，ややもすると学生に対する教育が教員個々人の裁量に委ねられているのではないかとの批判につながっている。

○ 将来教員になるべき学生に，幅広くいろいろな専門分野を体系的に教育するとともに，教員としての実践的な能力を育成していくためには，教員養成学部の教員が，教員養成という目的意識を共有し，体系的なカリキュラムを編成していくことが不可欠である。そ

のため，学内に教員養成のカリキュラムの在り方を検討するための組織を作っていくことも有効と考えられる。

② モデル的な教員養成カリキュラムの作成
○ 前述のように，教員養成における体系的なカリキュラムは，教員養成に携わる教員の間において必ずしも確立しているとはいえない状況にある。教員養成に関する共通的な認識を醸成し，教員の質を高めていくためには関係者においてモデル的な教員養成カリキュラムを作成することが効果的と思われる。

○ 現在，医学部や歯学部におけるモデル・コア・カリキュラムの作成や，工学部等における技術者教育プログラムの認定制度の導入など，それぞれの分野において教育の質の向上に向けて様々な試みがなされている。教員養成学部についても，日本教育大学協会を中心として速やかに教員養成のモデル的なカリキュラムを作成し，各大学はそれらを参考にしながら，自らの学部における特色ある教員養成カリキュラムを作成していくことが求められる。

③ 各大学における教員養成カリキュラムの創意工夫
○ 各教員養成学部は，モデル的な教員養成カリキュラムを参考にしつつ，学部自らの判断に基づいた教員養成カリキュラムを編成していくことが求められるが，その際，特に次のような項目について，教員によって区々にならないよう一定の指標を共有することが望ましい。
- 授業の内容（目的・目標，範囲，レベル）及び方法
- 学生が修得すべき知識・技術の内容
- 成績評価の基準と方法

○ また，各大学が教員養成カリキュラムを作成する際，特に留意しなければならないことは，教員養成は単なる教育方法のテクニックの修得を目的とするものではなく，子どもの成長と発達に対する深い理解と教科に関する専門知識に基づいて行うものでなければならないということである。

○ なお，幅広い人間性の涵養や社会的視野を広げるため，他大学との単位互換や，他学部の授業科目の履修，各種の社会体験の奨励なども積極的に検討すべきである。

○ 教員養成カリキュラムの在り方については，今日まで日本教育大学協会や国立大学協会，日本教育学会をはじめ，様々な団体，個人から提案がなされ，一定の成果があがっている面もないわけではない。我が国の教員養成の質的向上のため，今後とも関係団体や関係者において様々な研究ができるだけ速やかに進められるべきである。そして何よりも必要なのは，各大学において力量ある教員を養成するための教員養

成カリキュラムの編成について創意工夫がなされ，それが実践されることである。また，国はそのための支援措置を積極的に講じていく必要がある。

○　各大学においては，それぞれの判断に基づいた教員養成を行っていくため，それぞれが養成を目指す教員像を明確にし，それに基づき，次に示す教科専門，教科教育法（学），教職専門の各科目を体系的に組み合わせるとともに，幅広い人間性や主体的な判断力など，これからの教員に求められる資質能力を育成するために，他大学や他学部とも協力して，幅広い選択科目を用意するなど，それぞれの独自性を発揮した魅力ある教員養成カリキュラムを編成すべきである。

(3)　教員養成学部としての独自の専門性の発揮
　①　教科専門科目の在り方
　　○　学校教育は様々な活動からなるが，「教科の授業」を中心に展開されていることは論をまたない。学校の教員は，授業を通して子どもたちの能力を引き出し，個性を育てる努力が求められており，教員養成において，教科専門科目にどのような目的・内容を持たせるかが重要な意味を持っている。
　　○　教科専門科目の分野は，理学部や文学部など一般学部でも教育されている。教員養成学部の独自性や特色を発揮していくためには，教科専門科目の教育目的は他の学部とは違う，教員養成の立場から独自のものであることが要求される。必ずしも共通認識があるわけではないが，教員が教科を通して教育活動を展開していくということを考えれば，「子どもたちの発達段階に応じ，興味や関心を引きだす授業を展開していく能力の育成」が教員養成学部の教科専門科目に求められる独自の専門性といえよう。

　　各大学・学部において，一般学部とは異なる教科専門科目の在り方についての研究が，より推進されることが望まれる。

（小学校教員養成の場合）
　○　小学校は，人間が成長していく過程で，子供から少年へと成長し，人格を形成していく最も重要な時期である。子供一人一人の成長にも個人差があり，小学校教員にはそれに対応した教育が求められている。小学校教員を養成する場合，学生にこのような資質能力を身に付けさせることが必要である。

　○　小学校教員を養成するために，教科専門科目としてどのようなことを教授すべきかについては，免許法において具体的に定められているわけではない。したがって，各大学でその内容を研究し，構成していかなければならない。例えば「理科」を考えた場合，物理学，化学，生物学，地学をそれぞれ区々に教授するのではなく，大学の教員が協力して「小学校理科」という大学レベルの科目を構築していくことが求めら

○　小学校教員養成のための教科専門科目の在り方については，従来から様々な議論があるが，小学校における教育の特性を考えると，何をいかに教えるかという小学校における教育の充実のため，教科専門と教科教育の分野を結びつけた新たな分野を構築していくことが考えられる。従来から，その必要性が指摘されながら両者の連携が必ずしも十分ではなかったという実態があるが，その在り方を研究するのは，教員養成学部をおいて他にはなく，教員養成学部が独自性を発揮していくためにも率先して取り組まなければならない分野であり，これまで以上に関係者の連携協力を図り，それを構築していくことが教員養成学部の特色の発揮につながっていくと考えられる。

○　現在，小学校教員免許を取得する学生のほとんどがいわゆるピーク制（全教科にわたって広く履修するとともに，特定の教科あるいは分野について深く専門的に学ぶこと）によって履修している。その理由としては，
・学生の側に特定の分野を深めたいという専門志向が強いこと
・学生の帰属を分散させることで，責任ある指導体制が確保できること
などがあげられる。また，教員への就職の必要性から多くの学生が小学校と中学校教員の免許を併せて取得しており，中学校の教科を選択することによって自動的にピーク制につながっているという実態がある。

○　今までのピーク制をみると，前述のように併せて取得しようとする中学校の教科がピークになっているのが実状である。そのようなカリキュラムの設定も否定されるべきではないが，小学校教員養成の独自性の発揮を考えた場合，例えば情報教育や環境教育，国際理解教育，カウンセリング・マインドに関する分野などをピークとして構築していくことも考えられる。

○　小学校教員養成にとって，教科専門科目をどのように編成していくかは重要な課題である。特に平成10年の免許法の改正により，それまで小学校教員養成に必要な教科専門科目が「9教科各2単位，計18単位」であったものが，「1教科以上8単位」となった。このことにより，各大学においてピーク制の在り方も含め，小学校教員養成のためのカリキュラムの在り方を検討していくことが今まで以上に重要となっている。

（中学校教員養成の場合）

○　中学校教員養成のための具体的な教科専門科目は，免許法によって定められている。中学校教員は多くの一般学部でも養成しており，それだけに中学校教員養成の教科専門科目の在り方については，教員養成学部の独自性の発揮が求められる分野である。単に一般

学部とは専門科目の修得単位数に違いがあるというのではなく，その内容に本質的な違いがあってしかるべきである。基本的には，生徒の発達段階や他教科との関連性をも踏まえてどのような授業を展開すべきかということを内容とすることが，中学校の教科専門科目の特色と考えることができる。

○ なお，現在，高等学校教員の免許も，教員養成学部で取得することが可能となっているが，近年の学問や科学技術の進展とその適切な教育を考えると，高等学校の教員免許の取得は，それぞれの教科に関連する専門の学部に委ねた方がよいのではないかという意見がある。

現在の免許制度では，中学校と高等学校とで共通する科目が多く，両方の課程認定を受けることが比較的容易であるため，両方の認定を受けている大学が多いのが現状であり，学生への配慮から課程認定は受けておいた方がよいという事情もある。このことは，教員免許制度とも関連することであり，ここでは将来の課題として指摘しておきたい。

②**教科教育法（学）の在り方**
○ 教科教育法（学）は，免許法上は教職に関する科目の「各教科の指導法」として位置付けられるものであるが，教科専門と教職科目を結びつけるものとして極めて重要な分野である。この分野は，教育技術的なことを教授するにとどまることなく，今後，教科教育担当教員と教科専門担当教員とが協力して教員養成学部が独自性を発揮していくための重要な分野として充実を図っていくことが期待される。

○ また，教員養成カリキュラムの体系性を強化していく上で，各々の教科教育法（学）が関連性を追求しつつ，各教科共通的，横断的な専門分野を構築していくことが期待される。

③**教職専門科目の在り方**
○ 教職専門科目は，教職の意義や教育の基礎理論など，どの学校種の教員にも共通に要求される普遍的な分野である。教員養成の共通的科目として，優秀な教員の養成という観点から，いろいろな分野の教科専門を教員養成という目的に収斂(れん)させる重要な役割を持っている。

○ 特に，平成10年の免許法の改正により，現在の学校現場の実態に対応するため教職科目が充実され，その重要性は改めて強調されている。

○ 教職専門科目は，教員養成学部が教員養成という目的に沿って，その内容を深化，発展させていく場合の基本となる教育分野である。実践的な教員の養成という観点から，その現状について点検・見直しを行い，充実を図っていくことが必要である。

(4) 成績評価の厳格化
　①単位制の趣旨
　　○　大学設置基準においては，講義，演習，実験等授業の形態にかかわらず，各授業科目の単位数は教室等における授業時間と学生の事前・事後の教室外の学修時間をあわせ45時間の学修を必要とする内容を1単位として構成することを標準とし，例えば講義及び演習における教室内の授業時間は15～30時間とするものとされている。この趣旨及び年間の授業期間が定期試験等の期間含めて35週にわたることを原則としていることを考えれば，あまりに多くの単位を修得することは極めて困難なことといえる。

　　○　我が国の大学は単位制度を用いているが，その形骸化が大学教育の質の低下を招くとの認識のもとに，平成11年に大学設置基準が改正され，大学は1年間又は1学期間の登録科目単位数の上限を設定するよう努めることとされた。

　②複数免許状の取得及び修得単位数の現状と成績評価の厳格化
　　○　教員養成学部の学生は，主として就職上の必要性から複数の教員免許状を取得する傾向が強かった。平成12年3月卒業者のデータでみると，卒業生の82.1％が複数の免許を取得している。それに伴い，修得単位数も増加し，161単位以上修得している学生が42.8％にも及んでおり，単位制度の形骸化が指摘されていた。その背景としては，免許取得上必要という理由の下に授業科目の履修を学生の任意に委ねていたことが考えられる。

　　○　前述の登録単位数の上限の設定により，修得単位数の改善が図られつつあると考えられるが，この趣旨を徹底するとともに，単位制度の実質化を図るため，シラバスの作成，事前・事後の学習の明確な指示の義務付けなど，責任ある授業運営や成績評価の厳格化を図ることが求められている。

　　　ここで求められるのは，大学としての自己規律であり，複数免許の取得が就職のために必要であるということで黙認するのではなく，教授すべき内容を精選するとともに，その内容の修得を徹底させていくことが結果的に大学教育の質の向上，ひいては教員となるべき学生の質の向上につながると考えられる。

　　○　学生が多くの単位を修得している理由の一つに，採用側が複数の免許状を取得していることを原則にしたり，あるいは優先的に扱うために，そうせざるを得ないという事情がある。教員の専門性を重視する観点から，大学側における免許取得上の指導が求められるが，採用側においても，これらのことに関して特段の配慮が望まれる。

　　　なお，現在，中央教育審議会初等中等教育分科会教員養成部会において，例えば中学校教員免許状取得者が小学

校の高学年の授業を担当できるようにすることも視野に入れた，教員免許の弾力化について検討されているが，これらの審議状況にも留意していく必要がある。

(5) 教員養成学部の教員の在り方

○ 教員養成学部が優秀な教員を養成するにしても，独自性や特色を発揮するにしても，それを支えるのは大学の教員である。教員養成学部にふさわしい教員を確保し，育成していかなければ，その実現は望めない。

以下，教員養成学部の教員の3つの担当区分に即して，その在り方を述べることとする。

①教科専門科目担当教員の在り方

○ 現在，大学によって多少の差があるが，教員の6～7割を教科専門科目担当教員が占めており，その多くが理学部や文学部等教員養成学部以外の学部の出身である。これらの教員が，どのような意識で教員養成に取り組むかが教員養成学部の方向付けに大きく影響する。

○ 教科専門科目の在り方は，前述のとおりであり，それを担当する教員は，その趣旨に沿った教育研究に取り組むことが求められる。教科専門科目担当教員は，他の学部と同じような専門性を志向するのではなく，学校現場で教科を教えるための実力を身に付けさせるためにはどうすべきかという，教員養成独自の目的に沿って教科専門の立場から取り組むことが求められる。それは，教員養成学部固有の教育研究分野である。今後，教科専門科目担当教員には，そのような教員養成学部独自の専門分野の確立に向けて努力することが求められる。

②教科教育法(学)担当教員の在り方

○ この分野は，前述のとおり教員養成にとって重要な分野であり，沿革の項でも触れたように，特に教員養成学部においては，各教科ごとに専門家を配置するなど，従来から充実に努めてきた分野である。今後，小学校教員養成における教科専門と教科教育の分野の結びつきなど教員養成学部が独自性を発揮していくため，学内で牽引的な役割を果たしていくことが求められる。

③教職専門科目担当教員の在り方

○ 教職専門科目は，前述のとおり，教員養成の根幹をなす分野であり，学生にとって，子どもに対する理解や教員にふさわしい人間性を深めるための基礎となるべきものである。そのため，教員養成という立場から学校現場をフィールドとしつつ，子どもたちに目を向けた実践的な教育研究が推進されることが求められる。

○ 教員養成学部の教職専門科目を担当する教員のうち，非教員養成系の教育学部出身者が占める割合は50.2%（平成12年5月1日現在）にのぼっている。教員養成における教職専門科目の重要

性にかんがみ，これらの学部においては，教員養成学部のこのような実態にも配慮した教育研究の展開が望まれる。

④教員養成学部にふさわしい教員の確保

○ 以上の3つの区分の担当教員が共同しつつ，体系的なカリキュラムの展開に向けて独自の専門領域を創っていくためには，教員の意識改革だけでなく，教員養成学部にふさわしい教員をどのように確保していくかが重要な課題である。

○ 教員養成学部の教員の出身学部・大学院をみると，教員養成系が19.6％，非教員養成系の教育学部が15.3％，一般学部等が65.1％となっており，特に教科専門の担当教員は，一般学部等の出身者が82.9％を占めている（平成12年5月1日現在）。

○ 平成8年度に教員養成学部の博士課程が設置されたため，今後教員養成系大学院の出身者が増えていくことが期待されるが，当面は前述の傾向が大きく変わることはないと考えられる。また，いろいろな学部・大学院の出身者が教員となることは，教員養成学部の活性化の面から好ましいことともいえる。

○ ただ，一般学部の目的と教員養成学部の目的とは異なるものであり，その出身者は教員養成学部の教員になるまでは教員養成の在り方という観点からの教育は受けていないのが通常である。それらの者が教員養成学部の教員になった場合は，「教員養成はいかにあるべきか」あるいは「学校における授業はいかにあるべきか」という観点から教育研究に当たることとなる。

○ したがって，教員養成学部に採用されてから学部の目的と教員個々人の志向に齟齬が生じないよう，教員募集時に，必要とされる資質能力や役割を明確にしておくとともに，採用後にも教員養成学部の教員として取り組むべき教育研究の内容等について絶えざる自己研鑽を求め，教員養成学部にふさわしい教員を確保していくことが必要である。

○ 教員養成学部は，学校の現場と密接に結びついた実践的な学部であることから，教員を採用する際，教員免許状の取得や学校現場における何らかの教育経験を有することを条件とすることも考えられる。また，必要に応じ採用後も附属学校の授業の担当等を通じて，学校現場との接触を保持していくような取組も推進していくべきである。

○ また，教員養成学部としてふさわしい教員を確保するとともに，教員養成学部独自の専門性を高めるシステム作りという観点から，例えば教員養成カリキュラムの確立という観点に立ったシラバスの作成，定期的なファカルティ・ディベロップメントの実施等，具体的な取組を行っていくことが必要で

ある。

○ これに関連し，教育委員会等との連携により，特に学校現場を熟知した者が教授するにふさわしい科目については，教員養成の充実の観点から，現職教員や指導主事を非常勤講師等として積極的に活用していくことも求められる。

○ また，特に教科専門科目の担当教員について，各大学における教員審査の改革を促す意味で，大学設置・学校法人審議会における教員資格審査の在り方についても検討されることが望まれる。

⑤教員組織の弾力的編成

○ 今後は，学校現場のニーズにあわせ，教員組織を弾力的に編成していくことが求められる。例えば，平成10年に免許法が改正され，教科に関する科目の要修得単位数が減少し，教職に関する科目の要修得単位数が増えたり，「教科又は教職に関する科目」という選択履修の区分が新たに設けられたが，大学の判断によってこれらに対応した教員組織の弾力的な編成が求められる。

○ また，教員養成学部の教員組織については専門分野の構成が各大学とも総じて等質的となっており，そのことがカリキュラムや教員組織に現状維持の方向で作用している面がある。

平成3年の大学設置基準の大綱化に伴い，教員養成学部に置かれる大学院の専攻に要する分野を具体的に定めた上記審議会の審査内規が廃止されたにもかかわらず，依然としてそれを基準にそれぞれの分野に専任教員が配置されなければならないととらえられ，そのことが学校現場のニーズを踏まえた新たな分野に対応していくことの妨げとなっているとの指摘もある。

今後は，学校現場における新たな教育課題への対応等を通じ，各大学が特色を発揮していくため，弾力的な教員組織の編成に努めることが望まれる。

(6) 評価システムの確立

○ 教員養成学部が教員養成の専門学部として，力量ある教員を養成し，独自の専門性や特色を発揮していくためには，適切な評価システムを確立し，その結果を教員養成の改善に継続的につなげていくことが必要である。

○ 現在，各大学・学部において，自己点検・評価やその結果に対する学外者による検証が進められているが，それにとどまることなく，評価の透明性・客観性をより高める観点から，第三者評価システムを導入していくことが効果的である。

特に教員養成学部の卒業者を採用している地域の教育委員会や学校の意見を積極的に聞けるような体制を構築していくことが大切である。

○ 評価システムが教員養成学部の発展

を支援していくものとなるためには，教員養成の立場からの独自かつ専門的な評価が必要である。その際，研究面からの評価だけではなく，特に教員養成学部の目的に照らしてカリキュラムが適切に編成されているか，学生の教育指導において，組織としてあるいは個人として適切な取組がなされているか，教員養成学部にふさわしい教員の確保のためどのような努力がなされているかなどの観点から評価が行われるべきである。

○ また，評価の方法やその結果については，教員養成学部が国立大学としての責任を果たしているか否かについて国民が判断できるようにするため，広く公開されるべきである。

○ 今後，大学評価・学位授与機構による評価システムや国立大学の法人化に伴う新たな評価システムなども整備されていくと考えられる。それらの動きもみながら，速やかに教員養成学部独自の評価システムを構築していくべきである。この点については，日本教育大学協会が発足以来期待されている機能の一つであり，中心的な役割を果たしていくことが強く望まれる。

2．大学院の在り方

(1) 修士課程の在り方
　①修士課程で養成すべき能力
　　○ 教員の資質の向上を図るため，専修免許状を保持した教員の割合を高めていくことが求められている。現職の教員が専修免許状を取得する方法として大きな役割を担うのは大学院の修士課程による学修である。教員養成学部の修士課程においては，現職教員等の学修や研修のニーズに応えるため，一層の組織的・体系的な履修指導の充実が必要である。

○ 修士課程においては，学部段階での内容を更に深め，教員にとって必要な深い知識を学び，各学校で中核的な役割を担いつつ若手教員を指導できる能力や，新たな課題に対して自らその問題の所在を突きとめ，対応策を見い出し，あるいは従来の方法を修正する能力を育成することが求められる。また，特に「学校現場で生じている今日的課題」への取組も期待されている。

②教員養成学部の修士課程で授与する学位とその内容
　○ 教員養成学部の修士課程では，学部にもまして教員養成学部として独自性のある教育研究に取り組むことが求められる。しかし，その実態をみると，例えば内容が明らかに理学や文学の修士論文と変わらないような論文等をもとに「修士（教育学）」を授与しているという例が見られる。

○ 教員養成学部の大学院では，他の専門学部と同じような内容の学問を追究するのではなく，教員養成の立場から

の専門的要素を取り入れた，名実ともに「修士（教育学）」にふさわしい内容の教育研究を展開していくことが求められる。そのためには，教科教育専攻（専修）の場合は，教育に関する研究の副論文を義務付けることも一つの方法である。ただし，その際には，副論文の添付が形式化し，実質が伴わないものにならないよう，運用に十分留意する必要がある。

③現職教員の再教育のための体制整備
○　教員は，学校現場で様々な実践経験を積んでから大学院教育を受けることが効果的であると言われている。現実に他の学部に比べ，社会人（現職教員）の占める割合は格段に高い（平成12年5月1日現在，国公私立の大学の修士課程9.8％，国立の教員養成学部の修士課程29.6％）。

○　実践的な教育研究を目的とする教員養成学部の修士課程にとって，具体的な問題意識と高い学習意欲を持った現職教員を受け入れることは，大学の教員や学部を卒業してすぐ入学してきた学生が学校現場の現状に触れるよい機会となり，教員養成学部全体の活性化につながる効果もある。各大学院においては，積極的な取組が求められる。

○　現職教員の再教育の必要性やその拡充の方策については，教育職員養成審議会の第2次答申「修士課程を積極的に活用した教員養成の在り方について」（平成10年10月）において詳しく述べられている。本答申自体は，教員養成を行っている一般学部の大学院をも対象とした提言であるが，教員養成学部は教員養成の専門学部として積極的に現職教員を受け入れるための体制を整備していくことが求められる。

○　特に，これからは教員が職務に従事しつつ修士課程の教育が受けられるよう，同答申等でも述べられているように，例えば次のような形態の教育指導体制の充実を図っていくことが必要である。
・　夜間，週末，長期休業期間等を活用した授業の実施
・　衛星通信，インターネット等を活用した遠隔教育の実施
・　サテライト教室を利用した教育の実施
・　長期在学コースの設定

○　また，教育公務員特例法が改正され，平成13年度から「大学院修学休業制度」が導入された。平成13年度現在，この制度を利用して入学してきた現職教員（公立学校）は155名である。地方公共団体の派遣制度に基づく研修定数の増加を図っていくことが困難な状況であることにかんがみ，今後，この制度に積極的に対応する方策として，各大学において教育の質の確保に留意しつつ，1年制コースの導入も検討されるべきである。

○ 現職教員は，学校現場での多くの経験の中から具体的な問題意識を持ち，修士課程においてそれらを踏まえた実践的な教育研究を希望しており，学部を卒業してすぐ入学した学生とは違った指導方法が求められる。現職教員の再教育に当たっては受入れ体制の整備とともに，現職教員のニーズに応じたカリキュラムの開発と指導体制の確立が必要である。

○ 現職教員の再教育の場として修士課程を活用していくためには，地域の教育委員会等との連携協力が不可欠である。教育委員会が大学に対して何を望んでいるか，あるいは大学として何をなし得るかなど，緊密な連携をとって効果的な大学院教育を実施できるような協議の体制を整備していくことが必要である。

○ 現職教員の指導に当たって重要なことは，修士課程の修了をもって指導が終わるのではなく，その後もいつでも大学教員の指導が受けられるよう，様々な形で関係が保たれることである。このようなことは，現在多くの大学院においてなされているが，今後は教員個人のレベルではなく，組織として対応していくことが求められる。それがまた，教員養成学部と学校現場のつながりを深めていくことにもつながると考えられる。

④専修免許状の在り方の見直し
○ 現在，中央教育審議会初等中等教育分科会教員養成部会において，専修免許状について，修士課程で学んだ専門分野を適切に表示できるように改めることなどについて検討が行われている。このような動きも踏まえ，教員養成学部の大学院としてふさわしい専門性の確立に努めるべきである。

(2) 教員養成学部における専門大学院の基本的な考え方
○ 平成11年度に，大学院設置基準が改正され，高度の専門性を要する職業等に必要な高度の能力を専ら養うことを目的として，特に必要と認められる専攻分野について教育を行う修士課程（専門大学院）を設置することができることとなった。

○ 専門大学院はその目的にかんがみ，専任教員のうち相当数は専攻分野における実務の経験を有する者とすることや，実践的な教育を行うため専攻分野に応じ事例研究，討論，現地調査その他適切な方法により授業を行うなどの適切な配慮が必要とされている。
　専門大学院については，現在，いくつかの大学で教員養成以外の分野において，高度専門職業人として必要とされる資質能力等に応じたコース・カリキュラムや授業方法等を工夫しつつ，その設置が図られている。また，職業資格との関連も視野に入れた新しい形態の大学院や学位の在り方などについ

て，現在中央教育審議会大学分科会において検討が行われている。

○ 教員養成学部における専門大学院の在り方については，これらの審議状況や免許制度との関連あるいは学校現場等からの需要の動向等様々な面を勘案しつつ，今後，別途検討していく必要がある。

(3) 博士課程の在り方

○ 平成8年度に設置された東京学芸大学及び兵庫教育大学を基幹大学とする連合大学院方式の博士課程は，特に教科専門や教科教育の分野の教員の養成を目的として設置されたものである。これらの分野の後継者を他学部に頼るのではなく，教員養成学部自らが養成し，教員養成学部が独自の専門性を確立していくために，重要な役割を持つものである。

○ この博士課程の在り方については，教員養成に深く関わる教育学や教職専門科目担当教員の育成に当たっている非教員養成系の教育学部の博士課程の在り方との関連においても検討されるべきものであるが，「教員養成学部にふさわしい教員の確保」のため，日本教育大学協会等関係者において現状のレビューを行うなど，改善のための取組が必要である。

○ なお，この博士課程の修了者の就職状況は必ずしも順調ではない。その理由としては，一般的に大学の教員は博士課程を修了してすぐ採用されるものでもないこと，修了者が出て間もない状態であり，この博士課程で養成した人材の評価が定まっていないこと，教員養成課程の5千人削減等により，大学の教員の採用数が減少する時期と重なったことなどが考えられるほか，その教育研究内容や指導体制等が必ずしも設置の趣旨に沿ったものになっていないのではないかとの指摘もある。今後，修了者の中から教員養成学部の教員として就職する者が増えていくことが望まれるとともに，その需給動向等によっては博士課程の増設についても検討されることが適当である。

また，博士課程の指導体制の強化や特色の発揮のため，必要に応じ参加大学を拡大していくことも考えられる。

資料8 「教職実践演習の進め方及びカリキュラムの例」
〔文部科学省／2009（平成21）年1月11日〕

教育職員免許法施行規則（昭和29年文部省令第26号）第6条第1項の表備考
十一　教職実践演習は，当該演習を履修する者の教科に関する科目及び教職に関する科目の履修状況を踏まえ，教員として必要な知識技能を修得したことを確認するものとする（第十条及び第十条の四の表の場合においても同様とする。）。

授業の実施にあたっての準備事項例
- 教職実践演習の担当教員と，その他の教科に関する科目及び教職に関する科目の担当教員で教職実践演習の内容について協議
- 入学の段階からそれぞれの学生の学習内容，理解度等を把握（例えば，履修する学生一人一人の「履修カルテ」を作成）

授業で取り扱う内容・方法例
- イントロダクション・これまでの学修の振り返りについての講義・グループ討論
- 教職の意義や教員の役割，職務内容，子どもに対する責任等についてのグループ討論・ロールプレイング
- 社会性や対人関係能力（組織の一員としての自覚，保護者や地域の関係者との人間関係の構築等）についての講義・グループ討論
- 幼児児童生徒理解や学級経営についての講義・グループ討論
- 学級経営案の作成・グループ討論
- 学校現場の見学・調査
- 社会性，対人関係能力，幼児児童生徒理解，学級経営についてのグループ討論
- 教科・保育内容等の指導力についての講義・グループ討論
- 模擬授業
- 教科・保育内容等の指導力についてのグループ討論
- 資質能力の確認，まとめ

※　養護教諭・栄養教諭の教職課程の場合は，各職務内容に応じて適宜追加等を行う。

補完指導
「履修カルテ」を参照し，個別に補完的な指導を行う。

単位認定
　実技指導，グループ討論，補完指導，試験の結果等を踏まえ，教員として最小限必要な資質能力が身に付いているかを確認し，単位認定を行う。

「〇〇大学教職課程 履修カルテ〈自己評価シート〉」

〈〇〇専修・コース〉 ※教員免許取得のためのコース毎に作成

(1) 必要な資質能力についての自己評価

項目	項目	必要な資質能力の指標	H18答申との対応	自己評価 2年次	3年次	4年次
学校教育についての理解	教職の意義	教職の意義や教員の役割、職務内容、子どもに対する責務等を理解していますか。	使命感や責任感、教育的愛情	1・2・3・4・5	1・2・3・4・5	1・2・3・4・5
	教育の理念・教育史・思想の理解	教育に関する歴史・思想について習得していますか。	使命感や責任感、教育的愛情	1・2・3・4・5	1・2・3・4・5	1・2・3・4・5
	学校教育の社会的・制度的・経営的理解	学校教育の社会的・制度的・経営的理解に必要な基礎理論・知識を習得していますか。	使命感や責任感、教育的愛情	1・2・3・4・5	1・2・3・4・5	1・2・3・4・5
子どもについての理解	心理・発達論的な子ども理解	子ども理解のために必要な心理・発達論の基礎知識を習得していますか。	生徒理解や学級経営	1・2・3・4・5	1・2・3・4・5	1・2・3・4・5
	学習集団の形成	学習集団形成に必要な基礎理論・知識を習得していますか。	生徒理解や学級経営	1・2・3・4・5	1・2・3・4・5	1・2・3・4・5
	子どもの状況に応じた対応	いじめ、不登校、特別支援教育などについて、個々の子どもの特性や状況に応じた対応の方法を理解していますか。	生徒理解や学級経営	1・2・3・4・5	1・2・3・4・5	1・2・3・4・5
他者との協力	他者の意見の受容	他者の意見やアドバイスに耳を傾け、理解や協力を得つつ課題に取り組むことができますか。	社会性や対人関係能力	1・2・3・4・5	1・2・3・4・5	1・2・3・4・5
	保護者・地域との連携・協力	保護者や地域との連携・協力の重要性を理解していますか。	社会性や対人関係能力	1・2・3・4・5	1・2・3・4・5	1・2・3・4・5
	共同授業実施	他者と共同して授業を企画・運営・展開することができますか。	社会性や対人関係能力	1・2・3・4・5	1・2・3・4・5	1・2・3・4・5
	他者との連携・協力	集団において、他者と協力して課題に取り組むことができますか。	社会性や対人関係能力	1・2・3・4・5	1・2・3・4・5	1・2・3・4・5
	役割遂行	集団において、率先して自らの役割を見つけたり、与えられた役割をきちんとこなすことができますか。	社会性や対人関係能力	1・2・3・4・5	1・2・3・4・5	1・2・3・4・5
コミュニケーション	発達段階に対応したコミュニケーション	子どもたちの発達段階を考慮して、適切に接することができるなど、親しみを持った態度で接することができますか。	生徒理解や学級経営	1・2・3・4・5	1・2・3・4・5	1・2・3・4・5
	子どもに対する態度	気軽に子どもと顔を合わせたり、相談に乗ったり親しみを持った態度で接することができますか。	生徒理解や学級経営	1・2・3・4・5	1・2・3・4・5	1・2・3・4・5
	公平・受容的態度	子どもの声を真摯に受け止め、公平で受容的な態度で接することができますか。	社会性や対人関係能力	1・2・3・4・5	1・2・3・4・5	1・2・3・4・5
	社会人としての基本	挨拶、言葉遣い、服装、他の人への接し方など、社会人としての基本的な事項が身についていますか。	社会性や対人関係能力	1・2・3・4・5	1・2・3・4・5	1・2・3・4・5

資料8 「教職実践演習の進め方及びカリキュラムの例」　171

教科・教育課程に関する基礎知識・技能	社会科	これまで履修した社会科教育分野の科目の内容について理解していますか。	教科の指導力	1・2・3・4・5	1・2・3・4・5	1・2・3・4・5	1・2・3・4・5
	教科書・学習指導要領	教科書や中学校学習指導要領（社会編）の内容を理解していますか。	教科の指導力	1・2・3・4・5	1・2・3・4・5	1・2・3・4・5	1・2・3・4・5
	教育課程の構成に関する基礎理論・知識	教育課程の編成に関する基礎理論・知識を習得する基礎理論・知識を習得していますか。	教科の指導力	1・2・3・4・5	1・2・3・4・5	1・2・3・4・5	1・2・3・4・5
	道徳教育・特別活動	道徳教育・特別活動の指導法や内容に関する基礎理論・知識を習得していますか。	教科の指導力	1・2・3・4・5	1・2・3・4・5	1・2・3・4・5	1・2・3・4・5
	総合的な学習の時間	「総合的な学習の時間」の指導方法や内容に関する基礎理論・知識を習得していますか。	教科の指導力	1・2・3・4・5	1・2・3・4・5	1・2・3・4・5	1・2・3・4・5
	情報教育機器の活用	情報教育機器の活用に係る基礎理論・知識を習得していますか。	教科の指導力	1・2・3・4・5	1・2・3・4・5	1・2・3・4・5	1・2・3・4・5
	学習指導法	学習指導法に係る基礎理論・知識を習得していますか。	教科の指導力	1・2・3・4・5	1・2・3・4・5	1・2・3・4・5	1・2・3・4・5
教育実践	教材分析能力	教材を分析することができますか。	教科の指導力	1・2・3・4・5	1・2・3・4・5	1・2・3・4・5	1・2・3・4・5
	授業構想力	教材研究を生かした社会科の授業を構想し、子どもの反応を想定した指導案としてまとめることができますか。	教科の指導力	1・2・3・4・5	1・2・3・4・5	1・2・3・4・5	1・2・3・4・5
	教材開発力	教科書にある題材や単元等に応じた教材・資料を開発・作成することができますか。	教科の指導力	1・2・3・4・5	1・2・3・4・5	1・2・3・4・5	1・2・3・4・5
	授業展開力	子どもの反応を生かし、皆で協力しながら授業を展開することができますか。	教科の指導力	1・2・3・4・5	1・2・3・4・5	1・2・3・4・5	1・2・3・4・5
	表現技術	板書や発問、的確な話し方など授業を行う上での基本的な表現の技術を身に付けていますか。	教科の指導力	1・2・3・4・5	1・2・3・4・5	1・2・3・4・5	1・2・3・4・5
	学級経営力	学級経営案を作成することができますか。	生徒理解や学級経営	1・2・3・4・5	1・2・3・4・5	1・2・3・4・5	1・2・3・4・5
課題探求	課題認識と探求心	自己の課題を認識し、その解決にむけて、学び続ける姿勢を持っていますか。	生徒理解や学級経営	1・2・3・4・5	1・2・3・4・5	1・2・3・4・5	1・2・3・4・5
	教育時事問題	いじめ、不登校、特別支援教育などの学校教育に関する新たな課題に関心を持ち、自分なりに意見を持つことができていますか？	使命感や責任感、教育的愛情	1・2・3・4・5	1・2・3・4・5	1・2・3・4・5	1・2・3・4・5

(2) 教職を目指す上で課題と考えている事項

資料 9 「東京地区教職課程研究連絡協議会会則・会員大学」
〔2009（平成 21）年 5 月 23 日〕

会　則

第一条　（名称）
　　本会は，東京地区教職課程研究連絡協議会と称する。
第二条　（目的）
　　本会は，大学の自主性に基づき，開放性免許制度のもとで，教育実習の充実及び改善のために必要な共同研究，情報交換，連絡協議等を行うことを目的とする。
第三条　（事業）
　　本会は，前条の目的を達成するため，次の各号に掲げる事業を行う。
　一．教育実習を含む教職課程全般の改革についての研究協議会の開催。
　二．教職課程に関わる諸事業に関する，東京都教育委員会等との連絡協議・情報交換。
　三．教職課程全般についての，加盟大学相互間での共同研究・情報交換。
　四．教職課程全般についての共同研究における，関東地区私立大学教職課程研究連絡協議会（関私教協）との連携協力。
　五．ニューズレターの発行。
　六．その他本会の目的を達成するために必要な事業。

第四条　（会員）
　　本会は東京都内に本部を置く国公私立大学で，本会の目的に賛同するものをもって組織する。
第五条　（機関）
　　本会に次の機関を置く。
　一．総会
　二．会長大学，会長，副会長大学，副会長
　三．運営委員会
　四．会計監査
第六条　（総会）
　一．総会は会員大学をもって構成し，本会の最高決議機関とする。
　二．総会は会長がこれを招集する。
　三．定期総会は毎年 1 回開催する。但し，会長は，運営委員会が必要と認めたとき，又は国公立会員大学の 3 分の 1 以上の要求があったとき，若しくは，私立会員大学の 3 分の 1 以上の要求があったときは，臨時総会を招集しなくてはならない。
　四．総会は国公立会員大学及び私立大学のそれぞれの過半数（委任状を含む）の出席をもって成立するものとし，議決は総会出席の国公立会員大学の及び私立会

資料9 「東京地区教職課程研究連絡協議会会則・会員大学」

員大学のそれぞれの過半数の同意を必要とする。

第七条 （会長大学，会長，副会長大学，副会長）
一．運営委員会は，会長大学及び副会長大学を互選により選定する。
二．会長大学は，会長を，副会長大学は副会長をそれぞれ選定し，いずれも総会の承認をうけるものとする。会長大学，及び副会長大学の任期は2年とする。但し，再任を妨げない。
三．会長は本会を代表し会務を総理する。
四．副会長は，会長を補佐し，会長に事故のあるときは，これを代行する。

第八条 （運営委員会）
一．運営委員会は，国公立3大学及び私立6大学の計9大学（以下「運営委員大学」という）をもって構成し，総会において会員大学の中から選出される。
二．運営委員大学は会長大学を補佐し，総会決定事項の執行の任にあたる。
三．会長は必要に応じ運営委員会を招集する。
四．運営委員大学の任期は2年とする。但し，再任を妨げない。
五．運営委員大学の選出は別途細則に定める。

第九条 （専門委員会）
本会は，第三条の事業を有効に推進するため，必要に応じて研究委員会その他の専門委員会を設ける。

第十条 （会計監査）
一．会計監査は2会員大学より各1名ずつの2名とし，総会においてこれを選出する。
二．会計監査は本会の会計を監査する。

第十一条 （会費）
一．会員大学は総会の定めるところに従い，会費を納めなければならない。
二．会費は年額，15,000円とする。

第十二条 （会計年度）
本会の会計年度は，毎年4月1日から，翌年3月31日までとする。

第十三条 （会則改正）
本会則の改正には，第六条に規定された総会において出席国公立会員大学および私立会員大学の，それぞれの過半数（委任状を含む）の賛成を必要とする。

附　則
1．本会則は，昭和55年4月1日から施行する。
2．本会則は，平成21年5月9日，一部を改正し施行する。

2009年度会員大学

(2009年5月9日現在)

[国公立大学] 9校

お茶の水女子大学	首都大学東京	東京大学
東京外国語大学	東京学芸大学	東京芸術大学
東京工業大学	東京農工大学	一橋大学

[私立大学] 67校

青山学院大学	青山学院女子短期大学	亜細亜大学
桜美林大学	大妻女子大学	北里大学
共立女子大学	国立音楽大学	慶応義塾大学
工学院大学	国際基督教大学	国士舘大学
駒沢大学	実践女子大学	芝浦工業大学
順天堂大学	上智大学	女子栄養大学
女子美術大学	白梅学園大学	白百合女子大学
杉野服飾大学	成蹊大学	成城大学
聖心女子大学	清泉女子大学	専修大学
創価大学	大正大学	大東文化大学
高千穂大学	拓殖大学	玉川大学
多摩美術大学	中央大学	津田塾大学
帝京大学	東京家政大学	東京家政学院大学
東京経済大学	東京女子大学	東京電機大学
東京都市大学	東京農業大学	東京未来大学
東京理科大学	東洋大学	二松学舎大学
日本大学	日本教育大学院大学	日本女子大学
日本女子体育大学	日本体育大学	文化女子大学
文京学院大学	法政大学	宝仙学園短期大学
武蔵大学	武蔵野大学	武蔵野美術大学
明治大学	明治学院大学	明星大学
立教大学	立正大学	和光大学
早稲田大学		

近現代〈教員養成史〉略年表

1872（明治5）年　師範学校設置（東京）（小学校教員養成で外国人教師と生徒24名。）
1874年　女子師範学校（東京）（附属幼稚園・附属小学校設置）
1875年　東京師範学校に中学師範学科設置。（中学校教員養成）
1880年　改正教育－府県は師範学校を必ず設置する
1881年　小学校教員免許状授与方心得－師範学校教則大綱等整備
1883年　府県立師範学校通則－師範学校に対する国の基準明確化
1907年　師範教育令公布（高等師範学校，女子高等師範学校，師範学校）
　　　　義務教育年限延長－師範学校制度の整備（「第二部」制度創設）
　　　　（従来の師範教育を「第一部」とし高等小学校卒終了後のもの，「第二部」は中学校・高等女学校（中等教育）終了後のもの修学。）
1917（大正6）年　臨時教育会議－師範教育の水準向上に関する意見。嘉納治五郎は幼小時からの「教育者精神」を育成するという立場から「第一部」擁護，成瀬仁蔵は「第二部」擁護。
1924年　文政審議会－「第一部」「第二部」の関係が重要な課題とする。（沢柳政太郎は「第二部」本体論を説く。）
1937（昭和12）年　教育審議会－師範学校は，修業年限は3年とし中等学校卒業程度を入学資格とする意見出される（専門学校程度の学校に昇格）
1940年　中等学校教員，高等学校教員及び師範学校教員の養成は大学卒業者とする。
1942年　師範教育制度の刷新に関する件－官立の専門学校程度の教育機関として成立。
1945（昭和20）年8月15日　アジア太平洋戦争終結

1945（昭和20）年12月8日　京都師範学校学生大会－生徒・渋谷忠男演説＝【資料1】
1946年2月7日　米国教育使節団に協力すべき日本側教育家委員会「師範学校は総てこれを改造して教育大学とし，教育大学への入学資格は他の大学と同様にすること」とする。
1946年8月10日　教育刷新委員会設置（総理大臣所轄。委員長＝安倍能成。47年11月南原繁委員長。49年6月教育刷新審議会と改称）
　　　　「第2回総会」（1946年9月13日）－教員養成問題重要議題として確認
　　　　「第7回総会」（10月18日）～「第10回総会」（11月8日）－旧師範教育の批判と新しい教員養成制度樹立の方向探求。（第10回総会で第5特別委員会発足－務台理作ら14名）
　　　　「第5特別委員会」－「第2回委員会」（11月29日）～「第7回委員会」（12月25日）

　　　　　―総合大学に教育学科をおいて教員養成を行うという原則がまとめられる。
　　　　　―教員養成のみを目的とする特別の教育機関はおかないという基本方向の確認＝【資料4】
　　　12月10日　全国師範学校生徒大会代表・渋谷忠男の文部大臣への「初等教育研究生制度設置案」の要望書＝【資料2】
1947年4月～「新教育」実施（渋谷忠男，師範学校卒業し教職に就く。＝【資料3】）
1949年5月31日　国立学校設置法公布―新制国立大学69校を各都道府県に設置。
　　　　　―全国に学芸大学7校，25国立大学に教育学部，19国立大学に学芸学部を設置（東大など8大学教育学部は教育研究者の育成をめざす）。
　　　　　―「教育職員免許法」公布（教員の他に校長，教育長，指導主事の免許状）―初等学校の教員を含めて「大学における教員養成」を実現しようとする。
1953年7月　教育職員免許法改正―課程認定制度発足（諮問して課程認定―大学の正規の課程，大学院，専攻科ほか文部大臣の認めた課程）。
1954年6月　教育職員免許法の改正―校長・教育長・指導主事の免許状廃止。
　　　　　―新しい単位の修得方法（教職専門科目形態の成立―教育原理・教育心理学・教材研究・教育実習・選択）
1958年7月28日　中央教育審議会答申―いわゆる教職への目的意識性を強調し小学校教員については目的大学で，中学校教員については目的大学と一般大学で，高等学校教員については一般大学で養成する。(「教員養成を目的とする大学」の設定＝「免許必修目的養成大学・学部」の設定)＝【資料5】
1962年11月　教育職員養成審議会（教養審）建議「教員養成制度の改善について」―①教員養成の目的性格を明確にしそれにふさわしい教育課程について国が基準を定める，②教材研究と教科教育法を教科教育として一括し小学校課程で専攻分野の学習ができるようにピーク制を導入し，中等学校課程では教科専門科目単位数の増加，③試補制度設け一年間実地経験後免許状授与する，④国立の教員養成大学・学部では卒業者の就職を確保するように需給に応じた計画養成とする。―全面的に実施出来なかった。)
1964年2月25日　文部省「国立大学の学科及び課程並びに講座及び学科目に関する省令」発布（①「学科・講座」を置く大学，②「学科・学科目」を置く大学，③「課程・学科目」を置く大学）
　　　12月25日　東北大学評議会決定「宮城学芸大学（仮称）設置にともない，東北大学教育学部教員養成課程を廃止することは差し支えない」「総合大学の教育学部において，教育科学という学問研究と実務者たる教員養成の両立は困難である」「教員養成は東北大学の伝統，目的の中ではやはり異質のものとみねばなるまい」―1965年4月宮城教育大学教育学部新設。
1966年4月　国立大学の学芸大学・学芸学部を一律に「教育大学」「教育学部」に名称変更さ

れる（東京学芸大学のみ大学名変更されず今日に至る）。
1966年4月　東京学芸大学教育学部に「修士課程」設置。
1967年4月　大阪教育大学教育学部に「修士課程」設置。(その後1996年に高知大学で設置されることによって全国立大学教員養成系「修士課程」設置完了)
1971年6月　中央教育審議会「今後における学校教育の総合的な拡充整備のための基本的な施策について」－「教員養成大学」は目的専修型の高等教育機関とする。(初等教育教員は教員養成大学, 中等教育教員は教員養成大学と一般大学の両方で。一般大学で教員養成を行う場合同じような観点から教育内容の工夫が必要。－「実践的指導力の向上」の課題提起)
1977年10月12日　福島大学教育学部教授会決定「小学校課程のカリキュラムを基軸と考えてこれを基点として中・高課程のカリキュラム改革に進まなくてはならない」。－「主体的目的養成認識」の成立＝【資料6】
1978年10月　「新構想」の兵庫教育大学, 上越教育大学開学そして1981年に鳴門教育大学開学(全体として大学院に重点を置き,「研修」大学院の性格を有する)。
1987年　文部省「教員養成系大学・学部」に「教員養成課程」と「非教員養成課程＝新課程」の並置提案－「教員養成課程一万人体制」の明確化。
1989年　教育職員免許法改正－「専修・一種・二種」免許状と「特別免許状」の新設。(併せて「初任者研修制度」足。)
1991年8月　日本教師教育学会発足。
1998年　教育職員免許法改正－小学校教員養成及び中学・高校教員養成において教科専門科目の引き下げ・弾力化と教職科目の充実化。
2001(平成13)年11月22日　「国立の教員養成大学・教員養成学部の在り方懇談会」報告＝【資料7】
2004年4月　「国立大学法人制度」発足(「6年一期」制度)。
2005年2月16日　文部省,「教員養成課程」定員抑制撤廃。
2006年7月　中央教育審議会答申「今後の教員養成・免許制度の在り方について」(①「教員免許更新制講習」新設, ②「教職実践演習」新設。③「教職大学院」制度新設)。
2008年4月　「教職大学院」誕生－国立「教員養成系学部(免許必修学部)」の15大学院と, 私立「教員養成系学部」の4大学院において新設される。
2009年　「教員免許更新制講習」本講習初年度－10月21日文部科学省通知「新たな教員免許制度の具体化, 現行更新制度のあり方を検討」。
　　　　5月　「東京地区教育実習研究連絡協議会(東実協)」が「東京地区教職課程研究連絡協議会(東教協)」に組織名変更＝【資料9】
2010年4月入学生から「教職実践演習」導入(4年次後期設置)＝【資料8】

索　引

AACTE (American Association of Colleges for Teacher Education)　60
NCATE (National Council for Accreditation of Teacher Education)　60
NEA (National Education Association)　60

あ

天野貞祐　30
或型の養成機関
一般学部　9, 42, 71
一般教養　37, 65, 66, 120
一般教養科目　121
一般校　85, 86
一般大学・学部　119
ウィスコンシン大学　13
扇谷尚　121
岡本洋三　1, 2, 116, 118, 119

か

開放一部計画型　64
開放型　64
開放制教員養成　9-12, 45, 100, 106, 115, 118, 119
「開放制教員養成」原則　126
開放制目的教員養成　1, 2, 25, 113, 115, 128, 131
開放制目的養成　113, 126, 128
学芸大学（・学芸学部）　30, 32, 35, 37, 41, 95
学芸部　37
学校臨床心理専攻　17, 19
課程認定大学　112
神田修　46
城戸幡太郎　31
教育学科　115
教育学部　35, 37, 43, 44, 95, 107
教育研究学部　43, 44
教育刷新委員会　30, 115
教育実習　125
教育実践力　107-111
教育職員養成審議会（教養審）　109

教育大学　31, 107
教育大学・教育学部　33, 35
教育地域科学部　97
教育部　37
教育〇〇学部　95
教育職員免許法　46
教員免許制度　67
教員養成　100, 109, 112, 115, 125
　　アメリカの――　59, 60
　　大学における――　1, 2, 11, 26, 30, 106, 113-116
　　「大学における教員養成」原則　27
　　中国の――　58, 60
　　日本の――　61
　　――における「理論学習」形態　126
　　――の開放性　27
　　――の専門学部　96
教員養成学部　2, 3, 9, 10, 25, 27, 29, 30, 40, 42-45, 53, 70, 71, 78-81, 83, 84, 86, 90, 91, 94, 96, 98-101, 103, 106, 107, 118, 119, 126, 127
教員養成課程　96, 98
教員養成カリキュラムの3層構造　120-122
教員養成教育
　　ウィスコンシン大学オークレア校における――　74
　　福島大学における――　72
教員養成教育課程の構造　65
教員養成系修士大学院　15, 16
教員養成担当校　86
教科教育学　35, 45-47, 49, 52-54, 122
　　狭義の――　47, 48, 54, 123, 124, 131
　　広義の――　49, 54, 123, 124, 131
教科教育法（学）　46, 47, 53, 54, 98
教科専門　120, 121
教科専門科目　44, 45, 47
教科の専門性　131
教材研究　46, 47, 49, 51, 53, 54
教師教育　46, 102, 107, 111
教師自身の自己成長・自己形成　115
教師養成教育の探究　1

教職課程設置大学　128
教職課程履修カルテ〈自己評価シート〉
　　23
教職教育専攻　17, 19
教職教養　37, 65, 66, 122
教職実践演習　11, 12, 21, 26, 112, 120
教職指導（論）　12, 21, 22
教職専門　120, 121
教職専門科目　47
教職大学院　15, 16, 125
教職の専門性第1類型（教育学・教育心理
　　学・幼児教育学・特別支援教育学）　131
教職の専門性第2類型（狭義の教科教育学）
　　131
教免法　46
系改革　41
計画養成＝免許必修　71, 75, 96
現職教育　26, 125
　　──における「理論学習」形態　126
現職教員　110
現職教員研修　100
現職経験　126
現職研修　67, 68
国立大学法人　106
国立大学法人化　102, 105
「今後の国立の教員養成系大学・学部の在り
　　方について」（「在り方懇」報告）　77, 81,
　　85, 90, 91, 95, 98, 99, 101, 104

さ

自己成長・自己形成の記録　115
実務経験者　16
師範型　64
師範学校・師範大学　32, 115
師範教育　114
師範教育批判　115
渋谷忠男　115
　　──年譜　115
小学校課程　55
小学校教科専門科目（小専）　46
初任者研修制度　58
新課程　90, 91, 94, 98
杉山明男　120-123
戦後教員養成の2大原則　108
戦後教員養成論　27, 29, 40
戦後日本教員養成史研究　1

戦後日本の教員養成制度　58
専門教養　37, 65, 66, 122
総合教育研究センター　88
総合大学　31, 112

た

第一種免許状　68
第二種免許状　68
担当校　85
地域学部　97
地域教育学部　97
地域教育学科　97
地域教育文化学部　97
地域文化創造専攻　17, 19
中央教育審議会（中教審）答申　11
中学校課程　55, 56
中学校・高校教科専門科目　46
中教審答申（1958年）　126
中教審答申（2006年）　21
東京学芸大学教員養成カリキュラム開発研究
　　センター　127
（前）東京地区教育実習研究連絡協議会（東実
　　協）　128
東京地区教職課程研究連絡協議会（東教協）
　　128
特殊な技術　32, 35

な

長尾十三二　111
南原繁　31
『21世紀の教師教育を考える──福島大学か
　　らの発信』（八朔社）　29
人間発達科学部　97
人間発達専攻　97
人間発達文化学類（学部）　77, 87, 97, 101,
　　119

は

非計画養成　75
福島大学教育学部（教員養成学部）　9,
　　52, 77
福島大学大学院人間発達文化研究科　17,
　　19
福島大学人間発達文化学類　17
文理学部　37
閉鎖制養成　116

ま

学びの軌跡　　22-24, 112
学びの履歴　　23, 128
〇〇教育学部　　95
民弁教師　　69
務台理作　　2, 31, 113, 114
免許選択　　96, 100, 127
免許選択目的養成　　13, 16, 18, 25, 113, 119, 126, 127
　　　　「──」の学士課程づくり　　18
　　　　「──」の修士課程づくり　　20
免許選択目的養成プログラム　　131
免許選択目的養成論　　2
免許必修　　10, 77, 112, 127
免許必修学部　　10
免許必修・目的養成　　9, 10, 107, 116

目的的計画養成　　116, 119
目的養成　　3, 10, 26, 71, 75, 77, 87, 96, 98-101, 104, 106, 112, 113, 118, 119, 123, 126
　　　　「──」の観点　　12
模擬授業　　52
文部科学省高等教育局専門教育課教員養成企画室　　127

や

矢野貫城　　33
山形大学教育学部　　9
山田昇　　1, 2
横須賀薫　　1, 2

ら

理論と実践の融合　　16, 125
連携協力校　　16

初出一覧

プロローグ——戦後教員養成の2本柱を捉え直す
　　〔『子どもと教育』2009年4月号～11月号，ルック〕
Ⅰ　戦後「教員養成学部」における免許必修制と目的養成の展開
　　〔日本教育学会特別課題研究報告書『教員養成制度の再編に伴う教育学の研究基盤及び教育条研の変動に関する調査研究』2001年8月〕
　補論1　教師教育と〈教科教育学〉
　　〔日本教育学会編『教育学研究第56巻1号』1989年8月〕
　補論2　狭義と広義の〈教科教育学〉教育研究体制
　　〔教員養成大学・学部教官研究集会社会科教育学部会編『社会科教師教育と社会科教育学の統合』東洋館出版社，1989年3月〕
　補論3　日中米「教員養成」比較研究の視点
　　〔『福島大学教育実践研究紀要第31号別冊』1997年3月〕
　補論4　福島大学教育学部とウィスコンシン大学オークレア校における目的養成
　　〔日本教師教育学会編『講座教師教育学Ⅱ教師をめざす』学文社，2002年10月〕
Ⅱ　免許必修制と目的養成制の区別と〈免許選択目的養成制〉の成立
　　——福島大学改革と「教員養成学部」再編
　　〔日本教育学会『教育学研究第69巻第4号』2002年12月〕
　補論5　「教員養成大学・学部の在り方懇談会報告」を読み直す
　　〔書き下ろし〕
　補論6　国立大学の法人化と教師教育の新展開
　　〔『教職研修382号』教育開発研究所，2004年1月〕
エピローグ——国公私立対等平等な個性ある教師教育の創造を
　1　教育実践力の育成と教師教育の創造
　　〔日本教育方法学会編『教育方法38』図書文化，2009年10月〕
　2　開放制目的養成論と免許選択目的養成〔書き下ろし〕

著者紹介

臼井 嘉一（うすい よしかず）

現在 福島大学名誉教授，国士舘大学文学部教授（教育学専攻）
1945（昭和20）年10月7日富山県魚津市に生まれる。京都学芸（教育）大学学芸（教育）学部に入学し，その卒業後（小・中・高校教員免許取得），中学校・高校社会科の講師を経験し，併せて東京大学大学院の修士課程・博士課程で教育学・教育実践学を学ぶ。博士課程単位取得後から埼玉大学・専修大学などで教育原理・道徳教育の研究・社会科教育法等を講じ，1982年より福島大学教育学部助教授となり，社会科教育学講座を担当して1991年より教授となる。
1999年より教育学部長（2001年まで），副学長（2002年まで），学長（2006年3月まで）をつとめ，福島大学退職後（福島大学名誉教授），2008年4月から国士舘大学文学部教育学科教育学専攻・大学院人文科学研究科教育学専攻で教職論・教育方法論・教育課程論・教育実践研究を担当している。
日本教師教育学会・日本教育方法学会・日本カリキュラム学会及び歴史教育者協議会・地域と教育の会・教育科学研究会等所属

主な著書・論文
「奥丹後の教師たちの歩みと社会科教育」（渋谷忠男『地いきからの目――奥丹後の社会科教育』地歴社，1978年6月）
『社会科カリキュラム論研究序説』（学文社，1989年12月）
「福島大学改革と『教員養成学部』の再編」（日本教育学会『教育学研究第69巻第4号』2002年3月）
『シティズンシップ教育の展望』（編著書，ルック，2006年9月）
「戦後社会科実践史における『上越教師の会』の位置と意義」（二谷・和井田・釜田編『「上越教師の会」の研究』学文社，2007年6月）
「授業研究とは何か――日本の授業研究と教師教育」（日本教育方法学会編『授業研究の歴史と教師教育』学文社，2009年9月）

開放制目的教員養成論の探究

2010年4月10日　第1版第1刷発行

著　者　臼井　嘉一

発行者　田中　千津子　　〒153-0064　東京都目黒区下目黒3-6-1
　　　　　　　　　　　　電話　03（3715）1501（代）
発行所　株式会社 学文社　　FAX　03（3715）2012
　　　　　　　　　　　　http://www.gakubunsha.com

© Yoshikazu USUI 2010　　　　　印刷所　新灯印刷
乱丁・落丁の場合は本社でお取替えします。　　製本所　小泉企画
定価は売上カード，カバーに表示。

ISBN978-4-7620-2063-6

日本教育方法学会編 **日本の授業研究：上巻** ——授業研究の歴史と教師教育—— Ａ５判　184頁　定価2205円	日本教育方法学会による日本の授業研究についてまとめられた集大成。上巻は，第二次世界大戦後の授業研究の展開，とくに日本における民間教育運動について，4つの視点から明らかにする。 1981-4　C3037
日本教育方法学会編 **日本の授業研究：下巻** ——授業研究の方法と形態—— Ａ５判　216頁　定価2415円	日本の授業研究の歴史と現在の状況を論じた上巻をうけた下巻は，教育課程や教材研究と授業研究との関係を明らかにし，教科指導における授業研究を各教科や研究団体のアプローチごとに詳述する。 1982-1　C3037
日本教育大学協会編 **世 界 の 教 員 養 成　Ⅰ** ——アジア編—— Ａ５判　196頁　定価2310円	「諸外国の教員養成制度等に関する研究プロジェクト」のアジア諸国に関する研究報告。中国，韓国，台湾，タイ，マレーシア，シンガポール，ベトナム各国の教員養成を明らかに。 1456-7　C3337
日本教育大学協会編 **世 界 の 教 員 養 成　Ⅱ** ——欧米オセアニア編—— Ａ５判　168頁　定価2100円	「諸外国の教員養成制度等に関する研究プロジェクト」に関する研究報告。アメリカ，イギリス，フランス，ドイツ，デンマーク，オーストラリア各国の教員養成およびOECDの政策提言について明らかに。 1457-4　C3337
経志江著 **近代中国における中等教員養成史研究** Ａ５判　272頁　定価5670円	近代中国における1900年代初頭から1920年代までの中等教員養成の成立過程を包括的にまとめあげた労作。近代中国の中等教員養成制度の変遷を精密に論述する。 1464-2　C3037
有本昌弘著 **教員評価・人事考課のための授業観察国際指標** ——教員へのフィードバックによる学校の活性化—— Ａ５判　184頁　定価2205円	20ヵ国が参加する国際プロジェクトISTOFがまとめた「授業観察国際指標」を解説・検証。さらに日本国内の教育実践例も紹介，教員評価による教育の質向上に向けた具体的諸方法を提案していく。 1549-6　C3037
デニス・ロートン著　勝野正章訳 **教育課程改革と教師の専門職性** ——ナショナルカリキュラムを超えて—— Ａ５判　194頁　定価2310円	標準的である英のナショナルカリキュラムに対する関心に応えると同時に，目下日本で進行中の教育課程改革を背景とする実践的な関心に，教師権限強化＝エンパワメントとの新たな分析を，本書で試みる。 0786-6　C3037
山田兼尚編 **教師のための防災教育ハンドブック** Ａ５判　160頁　定価1680円	学校防災領域の中核をなす防災教育を，家庭・小中学校・高校，そして地域・大学の防災教育やメディア利用教育まで視野に入れて展開。具体的な実践や分析データを紹介した学校防災対策の必読ガイド。 1641-7　C0037

二谷貞夫・和井田清司・釜田 聰編
「上越教師の会」の研究
A5判 336頁 定価3150円

新潟県上越地域において，内発的な学校改革を推進してきた民間教育サークル「上越教師の会」。創立50周年を迎え，半世紀にわたって「子らと地域を見つめた」会の教育理念と実践の記録を集成。
1700-1 C3037

寺崎昌男・「文検」研究会編
「文検」の研究
——文部省中等教員検定試験と戦前教育学——
A5判 466頁 定価5250円

「文検」とは文部省検定中等学校教員資格試験を意味し，戦前日本の中学校，高等女学校，実業学校等の教員の40％前後は，この試験の合格者によって構成されていた。いま，はじめてその全貌解明に迫る。
0698-2 C3037

寺崎昌男・「文検」研究会編
「文検」試験問題の研究
——戦前中等教員に期待された専門・教職教養と学習——
A5判 560頁 定価6300円

戦前日本における最大規模の教員資格試験であった「文部省師範学校中学校高等女学校教員検定試験」の具体的試験科目問題に関する精緻な分析研究。戦前の教員養成システムの実態を明らかにした。
1192-4 C3037

井上えり子著
「文検家事科」の研究
——文部省教員検定試験家事科合格者のライフヒストリー——
A5判 368頁 定価7350円

戦前期に文部省によって実施された「師範学校中学校高等女学校教員検定試験」の家事科合格者の実態解明を通して，昭和戦前期において独学で学んだ女性たちの学習要求の諸相を明らかにする。
2007-0 C3037

TEES研究会編
「大学における教員養成」の歴史的研究
——戦後「教育学部」史研究——
A5判 483頁 定価6090円

戦後教育養成理念と法制，教育学部の成立・展開過程にかかわる諸問題を再整理。またそれらにもとづく認識と提言をここにまとめた。「教師養成教育」「教育学教育」「教育学研究」を貫く原理と方法を求める。
1005-7 C3037

船寄俊雄／無試験検定研究会編
近代日本中等教員養成に果たした私学の役割に関する歴史的研究
A5判 600頁 定価9450円

教員養成に果たした私学の役割を，「許可学校」という制度から改めて振り返る。私学出身中等教員の供給の内実と，質的貢献を探る。多岐にわたる学科目の差異にも着目，様々な視点から分析する。
1382-9 C3037

黒澤英典著
私立大学の教師教育の課題と展望
——21世紀の教師教育の創造的発展をめざして——
A5判 270頁 定価3780円

建学の理想，歴史的伝統等，私立大学固有の特色を生かした教職課程教育を省察・分析。私立大学が特色ある資質・力量を兼ね備えた教師を教育界に送り出すための課題を論じ，教育の未来を展望する。
1525-0 C3037

門脇厚司著
東京教員生活史研究
A5判 340頁 定価4725円

東京という生活圏で教師という仕事を選択し暮らしていた一群の人々について多角的な視点から把握するとともに，その個々の生きた軌跡をも辿り，その群像を掘り起こす。
1280-8 C3037

土屋基規編著
現代教職論
A5判 280頁 定価2520円

教職の意義や採用試験，現代的な課題や諸問題，国際比較に至るまで，教員養成を理論的，実践的に現場の声も含めて綿密に論じる。多様な現場経験者の参加による充実した教職論。
1523-6 C3037

日本教師教育学会編
講座教師教育学Ⅰ
教師とは
――教師の役割と専門性を深める――
A5判 272頁 定価2940円

＜日本教師教育学会創立10周年記念出版＞児童・生徒に向きあう仕事である教師という仕事が，いま問われているものを踏まえ，多角的な視点からこれからの教師とはどうあるべきかを考える。
1165-8 C3337

日本教師教育学会編
講座教師教育学Ⅱ
教師をめざす
――教員養成・採用の道筋をさぐる――
A5判 280頁 定価2940円

＜日本教師教育学会創立10周年記念出版＞教員養成・採用を学生と指導する大学教員の立場から取り上げ，基本課題を提示。根底に流れる教師教育において理論知と実践知のかかわりをどう捉えるか考察した。
1166-5 C3337

日本教師教育学会編
講座教師教育学Ⅲ
教師として生きる
――教師の力量形成とその支援を考える――
A5判 288頁 定価2940円

＜日本教師教育学会創立10周年記念出版＞学校という職場や教師自身の生活・研修にかかわる問題を取り上げ，現代を教師として生きていくことをどのようにし認識し援助していくべきなのかを論考する。
1167-2 C3337

和井田清司著
教師を生きる
――授業を変える・学校が変わる――
四六判 264頁 定価2100円

教育改革の激震が学校を襲っている現在，現場の教師たちの勇気や智慧を学び，授業を変え，学校を変える取り組みを足元から起こすべく，今あらためて'教師'を見つめなおす試み。
1332-4 C3037

和井田清司編
内発的学校改革
――教師たちの挑戦――
四六判 256頁 定価2100円

急速な教育改革の動きの中で，様々な変容を迫られている学校や教師。各地の公立学校において，創造的な実践を構築してきた10人の教師たちの挑戦を紹介，現場から内発的な教育改革を考えていく。
1401-7 C3037

久保富三夫・兵庫県民主教育研究所
教師論委員会編
よくわかる教員研修Q＆A
A5判 64頁 定価735円

教員研修の制度を詳しく知りたい人へ。教員研修について，現場に根ざした実際的かつ重要な41の項目を抽出し，一問一答式で詳細かつ平易に解説。理解に役立つ参考資料付。
1527-4 C0037

柴田義松・山﨑準二編著
教職入門〔第二版〕
A5判 192頁 定価1995円

教員養成教育における新たな必須科目「教職の意義等に関する科目」テキストとして，現職教員の参加も得て執筆された活きた教職入門書。関連法令等の改正に対応し加筆修正した第二版。
1953-1 C3037

赤星晋作編著 **新 教 職 概 論** Ａ５判　224頁　定価 2310円	最新の法令，資料をふまえ，学校教師に関連する内容を総合的に論じる。生涯学習社会，情報化・国際化社会という観点から，これからの学校，教師について考究。 1875-6 C3037
伊藤敬編著 **21世紀の学校と教師** ——教職入門—— Ａ５判　240頁　定価 2415円	教師と子どもをめぐる現状を分析し，打開の方向を見定めることから始まり，その打開の方向を教育活動のさまざまな領域で模索した実践のあり様を具体的に提示し，そのために必要な課題を提示する。 0940-2 C3037
永井聖二・古賀正義編 **《教師》という仕事＝ワーク** 四六判　240頁　定価 2310円	今日ほど教師の質が問われている時代はない。教師の仕事はその性質をおおいに変容させている。教師が現実にいかなる教育的行為をなし，問題の克服に意を尽くすべきか，気鋭の研究者９氏による論考。 0967-9 C3037
望月重信編著 **教 師 学 と 私**〔第二版〕 ——子どもと学校に生きる—— 四六判　318頁　定価 2415円	教師の存在が揺れる現代，その意義をあらためて考える。子どもを取り巻く状況，学校とは，地域とは何か。教師はどんな仕事をしているのか。教師はどのようにつくられるのか。臨場感あふれる教師論集成。 1261-7 C3037
別府昭郎著 **学 校 教 師 に な る** Ａ５判　192頁　定価 1995円	学校教師という専門職業人（プロフェッショナル）として必要な能力を専門能力・社会的能力・教授（方法）能力と規定し，それを作り上げていく上で必須の自己発見，自己獲得，自己創造の方法を明示する。 1468-0 C3037
大庭茂美・赤星晋作編著 **学 校 教 師 の 探 究** Ａ５判　217頁　定価 2415円	学校という機構に着目しながら，教師の養成・採用・研修のうえでの力量形成の現状と課題を探った。教職の意義，教師の職務，現場教師の実際，教師の採用と研修，教師の養成と免許，生涯学習社会と教師等。 1058-3 C3037
小島弘道・北神正行・水本徳明・ 平井貴美代・安藤知子著 **教 師 の 条 件**〔第三版〕 —授業と学校をつくる力— Ａ５判　282頁　定価 2625円	教師とはいかにあるべきか，教職とはどのような職業なのかを教職の歴史，制度，現状，職務，専門性，力量から考察。教育関係法規の改正，免許更新制導入など最新動向を見据えて教師の在り方を示す。 1756-8 C3037
G.マックロッホ，G.ヘルスビー，P.ナイト著 後　洋一　訳 **国民のための教育改革とは** ——英国の「カリキュラム改革と教師の対応」に学ぶ—— Ａ５判　232頁　定価 2415円	主に英国における中等学校教師に関し，過去50年間にわたる「専門職性の政治」の展開を遡り，その政治的特質を考察。ナショナルカリキュラムの影響の本質を見極め，教師の専門職性の限界と可能性を探る。 1278-5 C3037